U0917577

北京市哲学社会科学"十一五"规划项目
项目编号：09AbJG301
项目名称：北京地区出版物流企业运作模式研究
项目承担单位：北京印刷学院

中国出版业物流与供应链管理研究

王海云 黄孝章 / 著

THE RESEARCH ON CHINESE PUBLISHING INDUSTRY LOGISITICS AND SUPPLY CHAIN MANAGEMENT

经济管理出版社
ECONOMY & MANAGEMENT PUBLISHING HOUSE

图书在版编目（CIP）数据

中国出版业物流与供应链管理研究/王海云，黄孝章著. —北京：经济管理出版社，2012.5

ISBN 978-7-5096-1856-1

Ⅰ. ①中… Ⅱ. ①王… ②黄… Ⅲ. ①出版业—物流—物资管理—中国 ②出版业—供应链管理—中国 Ⅳ. ①F252.8 ②F724.786

中国版本图书馆 CIP 数据核字（2012）第 070410 号

出版发行：经济管理出版社
北京市海淀区北蜂窝 8 号中雅大厦 11 层
电话:(010)51915602　　邮编:100038

印刷：北京世知印务有限公司　　经销：新华书店

组稿编辑：申桂萍　　责任编辑：申桂萍
责任印制：黄　铄　　责任校对：超　凡

720mm×1000mm/16　　13 印张　　168 千字
2012 年 5 月第 1 版　　2012 年 5 月第 1 次印刷
定价：36.00 元
书号：ISBN 978-7-5096-1856-1

中国出版业物流与供应链管理研究

项目负责人：王海云　硕士　教授

项目组成员：黄孝章　博士　教授

傅海燕　在读博士　副教授

费秀红　硕士　讲师

葛存山　在读博士　讲师

序

党的十七届六中全会通过的《中共中央关于深化文化体制改革推动社会主义文化大发展大繁荣若干重大问题的决定》，确定了中国特色社会主义文化发展道路，提出了建设社会主义文化强国的宏伟目标。为了落实十七届六中全会精神，中共中央办公厅、国务院办公厅发布的《国家“十二五”时期文化改革发展规划纲要》进行了具体的部署，明确提出，到2015年，要基本建立覆盖全社会的公共文化服务体系，使城乡居民能够较为便捷地享受公共文化服务，基本文化权益得到更好保障；同时，要逐步建立技术先进、传输快捷、覆盖广泛的文化传播体系，发展连锁经营、物流配送、电子商务等现代流通组织和流通形式，加快大型骨干企业进行跨地区整合和农村销售网点建设，形成以大城市为中心、中小城市相配套、贯通城乡的现代文化产品流通网络，以及与我国经济社会发展水平和国际地位相匹配的国际传播网络。

新闻出版业是文化产业的重要组成部分，建设社会主义文化强国宏伟目标的提出，给新闻出版业带来了重大发展机遇，国家新闻出版总署发布的《新闻出版业“十二五”时期发展规划》，进一步明确了“十二五”时期新闻出版业发展的总体目标，在总量上，到“十二五”期末，新闻出版业的增加值将达到0.84万亿元，总产出达到2.94万亿元，年平均增速均为2010年的19.2%；在出版规模方面，到“十二五”期末，年图书出版总印数将达到79.2亿册（张），报纸出版总印数达到

552.3亿份，期刊出版总印数达到42.2亿册，出版物实物出口数量超过1150万册（份、盒、张）；在社会贡献方面，到“十二五”期末，将实现全国人均年拥有图书5.8册、期刊3.1册，每千人拥有日报达到100份，国民综合阅读率达到80%，人均书报刊用纸量达到240印张，千人拥有出版物发行网点数0.13个。

上述目标的实现，不仅需要出版产业链上游的编辑、出版等环节付出极大的努力，更是对我国出版业物流的挑战。很明显，到“十二五”期末，将出版物的发行网点覆盖到全部乡镇，使分散在交通不发达的边远地区的人民群众都能够及时得到自己所需要的出版物，是一项非常艰巨的任务，必须有网络通达、调配灵活、运作高效的出版业物流的支持，否则，出版物的最终价值就无法实现。因此，适应文化体制改革、文化大繁荣大发展、建立现代出版产业的要求，就必须改变传统出版产业的物流和供应链模式，积极推进改革创新，大力发展现代出版业物流。

现代出版业的产业链是建立在信息化、数字化平台上的跨地域、跨国的产业链，从原材料的运输，到制成文化产品并配送到最终用户，整个过程物流配送的范围广、覆盖面大、线路长，不仅需要送达城镇和乡村的每一个角落，而且往往是跨地域，甚至是跨国的，这就对出版业物流提出了更加严格的要求。适应这一要求，现代出版业物流应当具有集团化、信息化、网络化、连锁化、集约化、跨地域以及高效快捷的特点。近十多年来，我国各地在组建出版发行集团的过程中，相继以高投入、高起点建立了若干设施先进的出版物流中心，但是从整体发展水平来看，目前我国的出版业物流发展与发达国家的出版物流相比在规模、技术、网络、效率等方面仍然存在很大差距，主要表现在以下方面：一是我国出版物流缺乏整体规划和布局，缺乏大型的物流中心进行统一的出版物流调配，物流体系混乱，配送效率低下，地区封锁、区域垄断的现象仍普遍存在；二是物流信息平台建设滞后，网络化水平低，覆盖面狭小，信息沟通不畅；三是物流企业规模大而全、小而全，出版企业自办物流比较普遍，缺少发行渠道的共建和共享，仓储、运输车辆等物流资源存在严重浪费的现象，物流配送成本高、效率低，服务水平差；四是物流标准化水平低，物流体系的管理基础工作薄弱，手工操作在物流工作中大量存在。这些问题已经成为阻碍我国出版物流实现规模化经营、高效经营的障碍。

因此，当前迫切需要对我国的出版业物流进行转型升级、改制重组，进行战略性调整，切实采取有效措施，克服前进中的困难，争取出版业物流在“十二五”时期取得突破性的发展，确保新闻出版业“十二五”时期发展规划的顺利完成。

王海云教授和黄孝章教授的专著《中国出版业物流与供应链管理研究》出版时间正逢其时，它适应了当前我国出版业物流改革与发展的形势要求。据我了解，目前国内图书市场上还没有类似选题的专著出版，这是国内研究出版业物流与供应链管理的第一部专著。为了完成这项研究，王海云教授不辞辛劳，亲自带领科研团队深入出版发行一线进行调研，了解出版社及相关物流企业现状及其物流模式、大中型出版物流中心的运作模式，通过实地调查和发放问卷，取得了大量来源可靠的一手数据资料。

这部专著体系完整，逻辑性强，理论联系实际，紧密结合我国出版物流与供应链管理实际，具有很强的针对性。在这部专著中，作者首先基于广泛深入的调查，客观总结了我国出版业物流现状，深入分析了大中型出版物流中心运营和出版业供应链管理中存在的问题，对出版业物流模式进行了总结归纳，并从供应链角度，分析了出版业物流模式的供应链特征，提出了适合我国出版业物流发展的出版业联合库存管理模式和互惠式供应链物流模式，具有较强的可操作性；其次，作者运用供应链理论，提出了加强供应链管理的三要素，即契约、信息和激励，这些正是我国出版业供应链管理的薄弱环节；再次，作者运用企业边界理论、快速反应供应链理论，从战略高度，提出了我国出版业供应链重组构想，指出要想整合我国松散、复杂交错的出版业供应链，需要改变企业结构，打破壁垒，从垂直一体化向水平一体化过渡，这正是我国出版业体制改革的症结所在；最后，作者密切关注数字化对出版业物流的影响，对大型出版物流企业在数字化环境下的可持续发展进行了探讨，具有一定的前瞻性。

可以相信，这部专著的出版，对我国出版业加快物流的改革与发展，建立高效的现代物流系统和优化出版业供应链管理模式，具有重要的理论与实践意义。相信业内人士能够通过阅读本书得到一定的启发与收获。

2012 年 4 月

目 录

第一章　绪论

一、研究背景

（一）政策背景

2009 年 3 月 10 日出台的《物流业调整和振兴规划》（以下简称《规划》）认为，我国物流业的总体水平仍然偏低，社会物流总费用与 GDP 的比率高出发达国家一倍左右，“大而全”、“小而全”的企业物流运作模式还相当普遍，物流技术和人才培养还不能完全满足需要。为了满足应对国际金融危机的迫切需要，《规划》从国家层面、区域层面、行业与产业层面以及企业层面明确了物流业短期和中长期的十大任务，并强调要坚决打破行业垄断、地区封闭，强调全国“一盘棋”，优化组合全国资源，形成社会化大物流。同时，提出要解决当前物流企业面临的困难，首当其冲的是转变物流业发展模式，向以信息技术和供应链管理为核心的现代物流业发展，大力发展第三方物流，提高企业的竞争力。

为了进一步贯彻落实国务院《关于印发物流业调整和振兴规划的通知》（国发［2009］8号）精神，制定和完善相关配套政策措施，促进物流业健康发展，国务院办公厅于2011年8月下发了《关于促进物流业健康发展政策措施的意见》（国办发［2011］38号）。强调：加快推进物流管理体制改革，打破物流管理的条块分割。加强依法行政，完善政府监管，强化行业自律。支持大型优势物流企业通过兼并重组等方式，对分散的物流设施资源进行整合；鼓励中小物流企业加强联盟合作，创新合作方式和服务模式，优化资源配置，提高服务水平，积极推进物流业发展方式转变。支持商贸流通企业发展共同配送，降低配送成本，提高配送效率。支持物流企业加强与制造企业合作，全面参与制造企业的供应链管理，或与制造企业共同组建第三方物流企业。加强物流标准的制定和推广，促进物流标准的贯彻实施。鼓励物流企业应用供应链管理技术和信息技术，地方各级人民政府对物流企业的物流信息平台建设要积极给予扶持。推进物流信息资源开放共享，处理好安全与协同的关系，鼓励采取多种方式实现物流信息的互通交换，促进信息流、物流和资金流的协同和联动，提高物流服务效率和经营管理水平。

国家"十一五"规划把文化产业作为调整经济结构的重要举措，从中央到地方出台了一系列鼓励文化产业发展的政策措施。《新闻出版业"十一五"发展规划》明确提出要加强出版物现代流通体系建设，到2010年，在全国建立5~6个出版物现代物流中心，形成5~10个全国性的出版物连锁机构。大力支持跨区域、体制合理、管理先进、服务优质的现代出版物物流企业发展。鼓励出版单位利用第三方物流，降低物流成本，提高流通效率。[①] 北京市委、市政府在《北京市“十一五”文化产业发展规划》中明确了重点建设包括“出版发行和版权贸易中心”在内的“全国八大文化中心”。对此，北京市委宣传部提出，通过建设北京出版发行物流中心，把北京打造成全国的出版物集散地。

新闻出版总署 2010 年 1 月 5 日颁布《关于进一步推动新闻出版产业发展的指导意见》，强调：加强以跨地区连锁经营、信息化管理和现代物流为特征的大型现代新闻出版流通组织建设，重点培育一批主业突出、辐射力强的全国性和区域性新闻出版现代流通企业和企业集团，建设一批辐射全国的区域新闻出版物流中心，并推动有条件的企业跨区域、跨国连锁经营。积极扶持农村出版物市场和连锁网点建设，建立以大城市为中心、中小城市相配套、贯通城乡的新闻出版产业流通网络。建设出版物流通信息平台，统一信息标准，打通新闻出版产业之间的流通渠道，整合发行渠道，提高流通效率。推广网络结算新技术，打造全国统一的网上结算平台。鼓励新闻出版流通和物流企业发展电子商务，推进物联网与互联网相结合。鼓励新闻出版物流企业提供第三方物流服务。

2011 年 4 月，新闻出版总署在江西召开深化发行改革座谈会，总署副署长阎晓宏强调要重点抓好五项工作：一是深化发行体制改革，推动大型现代物流平台建设；二是推动新华书店“一网通”工程；三是推进发行业连锁经营；四是加快出版物发行业标准制定，推动标准的实施；五是结合农家书屋工程，大力加强农村发行网点建设。

按照新闻出版总署规划，“十二五”时期，出版发行产业要基本形成以连锁经营、物流配送、电子商务为主要特征，以大城市为中心、中小城市相配套、贯通城乡的出版物发行流通网络；建设 3~4 家能够辐射全国的现代大型出版发行物流企业，有效降低新闻出版业的物流

---

①《新闻出版业“十一五”发展规划》要点［N］. 中国新闻出版报，2006-01-14.

成本；形成一批科技含量高、具有自主知识产权的数字发行和互联网发行骨干企业。

在标准化、信息化建设方面，2006年3月新闻出版总署批准发布了《图书流通信息交换规则》行业标准。标准通过完整定义图书商品信息及其在流通各环节中的信息交换内容和规则，规范图书出版发行供应链中各企业信息系统的数据接口，使企业间数据库能以标准格式相互兼容，易于实现信息共享。这一标准的实施将结束我国图书发行行业数据文件格式不统一、相互不兼容的历史，有效解决图书流通领域商品信息和市场信息的对称流动，加快图书发行行业标准化信息化建设，从而提升全行业的技术水平，促进全行业的经济增长。

（二）出版业物流发展概况

20世纪90年代初期，出版业开始引入"物流"概念，90年代中期，各省新华批销中心相继崛起，连锁经营逐步展开，成为现代出版物流兴起的主要标志和主要动力。进入21世纪，出版物流基础设施建设和整合的步伐进一步加快，出版物流开始向现代化、规模化发展。一批起点高、投入大、设施现代的物流中心先后建立起来。

辽宁北方出版物配送有限公司2001年投入运营，是全国首家投入使用的出版物区域配送中心。四川新华文轩连锁股份有限公司于2002年投资建设西部出版物物流配送中心，并于2006年6月正式运营。该中心是西南地区现代化程度最高、集成能力最强、经济运行合理的出版物集散枢纽。2007年11月，号称全国出版物集散"航母"的北京出版发行物流中心正式开业，欲发挥首都文化创意产业重点项目在全行业的"龙头"和"风向标"作用。2009年11月，投资10亿元、规划用地1000亩的西北出版物物流基地开工建设，2012年竣工……不胜枚举。

经过近十年的建设，出版业物流可谓百花齐放。从经营主体上看，有出版企业物流、社会第三方物流、批发商物流和零售商物流。因经营主体不同、实际物流承担者不同、经营环境不同，又存在自营、外包、自营加外包等多种物流模式。另外，近几年，我国大型网购企业自建物流中心越来越普遍，当当网、卓越亚马逊、京东商城等网购企业和物流（快递）企业加强联盟合作，形成了特有的物流模式。

二、文献综述

（一）国内出版物流研究现状

针对出版业物流的研究，2008年及以前较少涉及。近几年，各省市现代化出版物流中心、配送基地的建设，为出版业物流的快速发展创造了物质基础和前提条件，说明物流建设和整合的重要性已成为业界共识。许多专家学者也纷纷发表自己的观点和看法，并对此做了一定程度的研究。

国内与“出版、图书、物流”等关键词相关的研究主要集中于以下五个方面：建设、发展现状及其问题研究，库存管理与逆向物流，供应链管理，第三方物流，以及物流模式。

1. 建设、发展现状及其问题研究

关于物流设施、物流中心建设情况，有多篇文章介绍。较有代表性的有以下几篇：

李洪喜[①]介绍了电子工业出版社图书物流中心完善的硬件设施及

① 李洪喜. 出版社构建图书物流体系的研究——以电子工业出版社储运系统改革发展为例［J］. 出版发行研究，2005（11）.

其内部配合协调机制，指出电子社要再造物流的组织结构和业务流程，成立完全独立的图书物流中心，并实行市场化的考核运营机制。同时，物流配送虽然是一个相对独立的业务体系，但它又是整个营销活动中的一个重要链条，离不开上下游业务部门的大力支持。

同样，作为出版社的物流中心，刘敬等[①]对高等教育出版社物流中心总体布局与配置、系统总体流程等做了介绍。他们指出：该中心是国内最早开始建设的自动化图书物流中心之一，也是目前国内最大的图书物流中心之一，在建设规模、库存能力、技术水平、出入库能力等方面创造了多项第一，堪称我国出版行业物流中心建设的里程碑。

新华书店系统物流中心的建设更是媒体关注的热点。穆宏志[②]认为，规模大、设施先进是现代新华物流中心的基本特征，对提高劳动生产率、缩短图书传递时间、减轻员工劳动强度、保证作业质量功不可没；第三方物流成为书业物流的新增长点；打造区域性中盘商成为一些新华物流的目标。

江宏[③]对上海新华传媒物流中心的建设情况、物流系统及其作业流程做了详细介绍。该中心物流系统采用高度信息化和适度自动化相结合的方式，实现了商流、物流、资金流的高度集成，使物流中心的各个作业环节和作业过程井然有序、高效流畅。其物流系统包括教材处理、一般图书处理、一般图书退货处理、音像处理和文教用品处理五个子系统。

刘灿姣[④]从三个方面总结了我国书业物流的发展现状：政府主管部门高度重视书业物流的发展；物流中心建设如火如荼，规模化发展已见雏形；书业物流系统由传统经营模式向现代经营模式逐步转变。

---

① 刘敬，江宏.高教物流　中国出版物流的里程碑［J］.物流技术与应用，2010（9）.

② 穆宏志.新华十大物流中心显示：书业中盘实力雄厚［N］.中国图书商报，2007-05-25.

③ 江宏.上海新华传媒的新一代图书物流配送中心［J］.物流技术与应用，2008（1）.

④ 刘灿姣.中国书业物流发展研究［M］.湘潭：湘潭大学出版社，2009：78~81.

对于2009年中国书业兴建的物流中心，王蓉[①]指出这些新兴物流中心其软硬件设施大都按照“商流、物流、信息流、资金流”四流合一的高度集成标准来配置，“准确、高效、低成本、流畅”是这批新兴物流中心追求的首要目标。这批新兴物流中心的兴建及投入使用，进一步加强了中国书业的装备，壮大了中国书业的实力，预示着中国书业新一轮的发展、繁荣。

庄玉辉[②]对新建成的出版业物流中心总结出以下特点：投入多、规模大，地域标签明显；信息化计算机信息管理广泛应用；功能多元化，改善传统物流产出效益低的经营模式，实行多种经营。

然而，面对轰轰烈烈的出版物流中心建设，早在2004年就有学者表示担忧。叶鸿康[③]认为，如果不顾自身的情况和特点，花费巨额投资建设超大规模的图书物流中心，而实际利用率不足，造成资源闲置、发货成本增加，就会成为一种巨大的经济负担，长此以往，将难以承受。穆宏志等[④]指出，在如火如荼的书业界物流建设中，还存在一些问题：第一是这些物流中心的市场定位是否准确、能否实现；第二是物流中心的功能设计特别是设备配置和软件系统设计能否真正发挥效用；第三是现代化物流中心与人员素质、管理水平是否配套，当前的物流大开发会不会造成重复建设和浪费，第三方物流能否在与社会其他专业物流公司的比拼中取得优势并占据一席之地。李小明[⑤]从出版物流战略的角度对我国存在的出版物流建设热提出质疑，认为一哄而起的出版物流建设不符合出版物流的内在规律，有可能造成资源浪费，并且过多的出版物流优势横向对比并不突出，缺乏核心竞争力。2010年，庄玉辉[⑥]撰文指出：出版物流的发展，一方面“大兴土木”、热情

① 王蓉. 2009年度中国书业8大兴建物流中心 [N]. 中国图书商报，2010-01-05.
②⑥ 庄玉辉. 我国图书出版行业物流现状浅析 [J]. 中国出版，2010 (4).
③ 叶鸿康. 对目前纷纷兴建图书物流中心的担忧 [J]. 出版发行研究，2004 (1)：5~6.
④ 穆宏志，瞿磊. 10年书业物流：从“奴隶”到“将军” [N]. 中国图书商报，2005-01-07.
⑤ 李小明. 中国出版物流建设研究 [D]. 武汉理工大学博士学位论文，2005.

高涨，另一方面也形成了资源配置、投入与产出比、规模与自身发展水平的差距等新的问题。大型物流中心明显的地域标志充分彰显了地方保护、地域分割思想。限制了优势互补、资源共用、利益共享、风险共担，阻碍了全国统一开放、竞争有序大市场的形成。

上海德邦物流股份有限公司于 2010 年 2 月在其网站发表题为《新闻出版业“物流建设热”应在理智中升温》的文章，提到：在新闻出版总署推出《关于进一步推动新闻出版产业发展的指导意见》（以下简称《指导意见》）后，书业发行界人士普遍认为，文件中关于“发展新闻出版流通、物流产业”方面的论述，对当今书业企业的“物流建设热”具有明确的指导作用，它纠正了书业物流建设中的一些认识误区，有效地防止了盲目投资、重复建设等浪费现象的发生。在浙江新华书店集团有限公司董事长周立伟看来，现在书业的物流建设大多还停留在不讲通量而只讲土地多少、建筑面积多少上，还停留在仓储的概念上。[①]

2. 库存管理与逆向物流

居高不下的图书库存和逆向物流一直困扰着大多数的出版社，也是业内专家学者们的研究内容之一。其中，关于存在大量库存和逆向物流的成因，有多篇文章涉及。早在 2001 年，崔向东[②]就总结了造成出版社图书库存积压的原因，一是出版商在市场预测方面工作不到位，印刷数量超标或者重印不及时造成市场断档；二是出版社对图书经销商的要求盲目迎合；三是出版社在选题策划方面失误，出版的产品不符合目标市场的需求，从而导致图书销量不佳、库存积压。杨建忠[③]分析了计算机图书退货的原因和步骤，认为日趋激烈的市场竞争、粗

① 上海德邦物流股份有限公司.新闻出版业“物流建设热”应在理智中升温 [Z]. wwwdebang56com, 2010-02-05.

② 崔向东. 辩证看待图书库存[J]. 出版发行研究，2001（11）：49~51.

③ 杨建忠. 计算机图书退货原因及减少退货的对策 [N]. 中华读书报，2001（13）.

放式的市场营销策略是造成图书退货的主要原因。郭伟疆等[①]认为，滞销书库存积压的主要原因是出版社在图书选题的前期市场调研工作不足以及图书市场中盗版现象严重，指出出版社对某些销量火热的图书在成本核算、目标利润分析等方面存在盲目性。陈丽[②]分析了我国图书逆向物流的产生过程，认为信息的缺失和停滞，导致了大量的图书库存，指出改善图书逆向物流管理需要彻底转变“大中盘”的经营模式，使之成为面向全过程和全行业的第四方“物流信息服务公司”。包卫国[③]认为，销售主渠道转嫁经营风险造成出版社库存，自 1988 年新华书店改革营销方式，从“包销”到“经销包退”再到如今的“寄销”为主，不再承担经营中的风险，出版社不得不预先备货，并承担高退货的风险，形成了出版社库存积压。张芳[④]分析了各类出版社逆向物流的现状及造成如此高退货率的原因，其中之一是供应链节点多，发行周期长，产品无法快速进入销售渠道，错过销售旺季，造成退货；运输网络系统不完善，造成图书在途时间过长，造成退货量增加；中盘公司没有建立快速信息交换系统和完善的操作规程，出版社与零售书店的信息不能保持畅通；中盘没有建立根据市场变化及时调整进货、库存、发货以及退货的运行程序。黄丽娟[⑤]归纳我国图书供应链中“牛鞭效应”产生的原因主要有：库存风险失衡、信息孤岛严重、折扣大战云涌、图书链管理行政色彩浓厚。丁伟妃[⑥]用供应链管理理论分析我国的图书逆向物流问题，指出我国图书逆向物流主要表现在：退货率高，库存量大；供应链不稳定；上下游企业缺乏紧密协作；行为整

---

① 郭伟疆. 图书选题策划需要“逆向思维”——运用库存管理指导选题策划 [J]. 出版经济，2004（6）：45~47.

② 陈丽. 中国图书市场逆向物流模式的变革 [J]. 大学出版，2005（4）.

③ 包卫国. 关于图书库存的几点异议 [J]. 出版参考（业内资讯版），2005（10）：17.

④ 张芳. 图书逆向物流现状及对策分析 [J]. 商场现代化，2007（12）.

⑤ 黄丽娟. 供应链管理中的“牛鞭效应”现象研究——以图书供应链为例 [J]. 科技进步与对策，2005（4）：143~145.

⑥ 丁伟妃. 基于供应链管理的图书逆向物流对策 [J]. 中国出版，2009（2）：47~49.

体信息化和标准化水平低；逆向物流程序烦琐、运作成本高、效率低下。

解决库存与逆向物流的对策也有几篇文章涉及。高冬成[①]提出对图书库存管理可采用 ABC 管理模式，对图书进行分类管理，对于积压多年的劣质图书，应当及时报废销毁。刘灿姣等[②]将供应商管理库存（Vendor Managed Inventory，VMI）的理念引入图书库存管理中，认为采用 VMI 模式，将对我国图书供应链整体效率的提高产生巨大的推动作用。丁伟妃[③]提出了几点优化策略：增强供应链意识，建立供应链管理机构；做大中盘，建立核心企业型供应链；加快信息标准化建设，实现信息资源共享；加强供应链各节点的协作，建立快速反应机制；应用先进的物流设备，提高逆向物流的处理能力；设计退书处理系统，应用电子化退书流程。

3. 供应链管理

我国关于在供应链管理环境下出版发行业物流运作模式的研究才刚刚起步（尹章池、田道全，2008），有学者对出版企业敏捷供应链运行的环境和模式做了初步分析（张美娟，2007），有学者对有关供应链管理思想与传统出版产业运作模式冲突做了相应思考（刘红、刘军、吴鹏，2009）。此外，比较有代表性的文献及其观点如下：

陈御钗等[④]认为，图书供应链的低效运作主要体现在供应链运作成本高、“牛鞭效应”严重、库存大、供应链响应速度慢、供应链上的产品适销率低等方面。引起图书供应链低效运作的原因主要是链中没有核心的强势企业引领，各节点企业缺乏契约约束，各方风险与收益不对等，关系错综复杂，整个供应链的稳定性差。庄玉辉[⑤]认为出版

① 高冬成. 关于图书库存的几点思考［J］. 大学出版，2001（2）：36~37.
② 刘灿姣，黄立雄. 图书零售企业实施 VMI 的理论研究［J］. 科技与出版，2007（11）：41~44.
③ 丁伟妃. 基于供应链管理的图书逆向物流对策［J］. 中国出版，2009（2）：47~49.
④ 陈御钗，王建洲. 我国图书供应链低效运作问题研究［J］. 科技与管理，2007（6）：148~150.
⑤ 庄玉辉. 我国图书出版行业物流现状浅析［J］. 中国出版，2010（4）.

物流的规范化和标准化目前还有待时日。物流装备的标准化程度低，自行开发的信息系统又自成一体，很难兼容、匹配和统一。整个图书市场出版物供应链的各个环节是相互分割、各自为政的，而没有网络化，商流、物流、信息流乃至资金流就不会通畅。

尹章池等[①]指出：书业物流要进入供应链管理阶段，有许多障碍要扫清。必经的路径是：消除对供应链管理的误读，正确理解供应链管理思想的实质，在于多个出版企业之间协调配合；改变单一产权结构，建立跨地区、跨所有制经营的具有多元产权的物流中心；实施反馈制度，提示和警醒出版企业的不良选题策划和营销库存；消灭“信息孤岛”，统一信息标准，加强出版商、批发商和零售商的信息采集与共享。

林传立等[②]以 B2C 电子商务网站当当网为例，分析了其图书销售的供应链结构及其图书供应链的实际运行，并就网上销售图书的缺货问题与物流服务质量问题及其改进进行了探讨。认为网上图书销售的核心是与网上销售形成互动的物流中心，物流中心进出货的品种和数量直接决定着整条供应链的运行节奏，图书销售网站配合物流中心，在整条供应链上扮演着核心企业的角色。

4. 第三方物流

介绍第三方物流开展与经验的文章主要有：记者刘永春等 2007 年 11 月 28 日撰文：“华瑞携手 DHL 主攻第三方物流，成为出版湘军传统产业之外新的经济增长点”，介绍了湖南华瑞物流有限公司的目标与第三方物流开拓情况。华瑞主要的物流合作模式是物流业最高的合作形式——供应链的管理，对企业从制造采购到销售环节中的物流进行规划和管理。打造长沙的（联合包裹）UPS，是华瑞物流的目标。华瑞物流一成立就积极开拓第三方物流的高端市场，先后为宝洁、创维、

① 尹章池，田道全. 书业物流进入供应链管理阶段的路径选择 [J]. 出版科学，2008（3）：66~68.

② 林传立，蒋丽华. 网上图书销售的供应链管理研究 [J]. 商业时代，2010（15）：36~37.

宝供、旺旺、虹梦银河等多家客户提供仓储运输服务，经营范围涉及图书、食品、家用电器、日用品等多种产品。文东[①]介绍了山东济宁新华物流中心，该中心号称创书业第三方物流精典，为大型名牌商品集散地、鲁西南地区规模最大的家电和出版物物流集疏中心。姚贞[②]则介绍了江西新华发行集团，该集团已成为第三方物流规模最大的发行集团，2011 年第三方物流业务收入将突破两亿元。

对出版业第三方物流的探讨近几年一直是热门话题。左志红等[③]指出，四大问题阻碍第三方物流发展：书业界对第三方物流的认同意识不够，很难提供高层次的物流服务，物流人才的匮乏以及外资物流企业进入、占领部分市场。结合华瑞物流的市场开拓经验，总结了业务开拓五步法：前期规划、市场调查、深入市场、战略合作和服务至上。并以辽宁北方出版物配送有限公司的跨区域合作为例，提出：为行业内的出版社、书店和民营书业等企业服务是大多数书业物流企业的第一选择。以湖南华瑞物流有限公司的第三方物流市场开拓为例，提出：放眼业外，高质量引来品牌名企。

刘灿姣[④]运用 SWOT 方法分析了我国书业企业开展第三方物流具有物流网络、中介资信、信息技术等优势；传统储运观念的束缚、物流服务层次低等弱势；加入 WTO 带来的良好经济形势、政府的大力支持等机会和来自国外物流企业、国内其他物流企业的挑战等威胁。他提出的应对策略有：加快物流基础设施建设，加快物流信息化建设的步伐；做好物流发展规划，做好基础物流服务，逐步提供增值服务；更新观念，打造现代物流企业，培养和引进物流专业人才；建立合作物流联盟，加强国际间的合作。

---

① 文东. 山东新华集团培育济宁新华物流“实验田”，创书业第三方物流精典［N］. 中国图书商报，2009-06-26.

② 姚贞. 江西出版集团：“腾笼换鸟”迈向现代物流港［N］. 中国新闻出版报，2011-10-10.

③ 左志红，杨晓芳. 第三方物流：书业还有多远［N］. 中国新闻出版报，2006-07-28.

④ 刘灿姣. 书业企业开展第三方物流的 SWOT 分析［J］. 科技创业月刊，2007（7）：72~74.

田丽丽[①]认为，首先，物流基地必须在满足出版发行主业需求的基础上，有能力闲置时才能考虑做第三方物流。而且，在很多业内人士看来，集团内出版社的物流也是第三方物流，“要做第三方，先做出版的第三方物流。”其次，区域大物流是趋势。《物流业调整和振兴规划》的出台必然加快组建大型书业第三方物流的进程，有效解决长久处于分割局势的书业物流带来的高成本运作。再次，要学会劣势化优势做足增量。书业做第三方物流有着先天的优势：一是充裕的现金流；二是省级之间成熟的图书联络配送体系；三是新华书店本身的金字招牌；四是政策优势。但劣势也较为明显，由于几十年来仅做图书和教材的配送，没有其他商品配送的经验，且传统的仓储物流方式也适应不了现代化物流的需要。另外，即使不考虑业外资本的汹涌之势，书业自身的第三方物流发展之路也存在致命的桎梏，那就是独立性。“如果仅仅把物流作为一个部门，那就永远是企业物流，不可能变成物流企业，而企业物流是很难做第三方的。”

何国军等[②]预言，近年，由于超前的物流建设与实际需求的矛盾，书业企业的物流能力在快速增强的同时出现了供给过剩、资源闲置的现象，为此，书业企业大都将发展第三方物流。而且，书业企业第三方物流发展要改变现状、有所突破，必须打破原有的单一盈利途径，探索和实践先进的拓展方式。主要有如下的类型和方式：①运输仓储。这是现阶段书业物流主要的作业方式。②物流增值服务。③管理模式、解决方案输出。这是较高层次的第三方物流盈利途径，也是书业物流努力和发展的方向。④联盟物流。由包括运输、仓储、信息系统等环节在内的主体以契约形式结成战略联盟，以实现内部信息共享、相互协作，形成第三方物流网络系统，扩大第三方物流配送的地域和市场，实现双方资源整合和优势互补。此外，第三方物流还有其他的发展途

① 田丽丽. 书业进军第三方物流优劣何在 [N]. 中国图书商报，2009-12-15.
② 何国军，郭云. 书业企业第三方物流发展和盈利策略初探 [J]. 经营与管理，2010 (9).

径，如提供系统应用服务和物流教育培训等。

5. 物流模式

有多篇文章介绍了我国台湾地区和国外的出版业物流模式。涂华等[①]以台湾地区书业发展及其提出完整解决方案并成功运行的诚品书店为例，认为连锁书店发起的现代化物流与供应链解决方案对于台湾书业有着十分积极的意义。书业物流可区分为制造型物流（出版社）、批销型物流（批销商）、通路型物流（连锁店）和货运型物流（货运型）四种形态。物流营运模式成功的关键因素，在于解决供应链环节最痛处（即解决退货处理和储位管理问题）、发挥最强处（即发挥主动配货的优势）以及创造加值处（即通过信息系统为客户及货主提供加值服务）。穆宏志等[②]介绍了国外有代表性的几家物流运作情况。批发商物流，诸如英格拉姆图书集团、东贩株式会社；出版商物流，诸如兰登书屋、英国麦克米伦出版公司；零售商物流，诸如美国巴诺连锁书店。陈磊[③]总结了日本出版物流中心呈现出三个特点，即“一站式”多功能服务、统一的标准化作业和集中式大型化发展。夏丽丽等[④]将国外图书物流发展模式分为东亚模式、西欧模式和北美模式，并重点介绍了日本的纪伊国屋书店的“连锁书店 + 物流联盟”物流模式；德国贝塔斯曼的“图书俱乐部 + 物流外包”物流模式；以及电子商务环境下，美国的亚马逊书店的“网上书店 + 物流外包” 物流模式及其自营物流模式。他们指出，传统上，我国图书物流业主要采用自营物流模式，这与现代物流的专业化分工是背道而驰的。国际上图书物流企业多数是将物流全部或大部分交给第三方物流企业，我国图书业也应借助第三方物流的力量来推动自身的发展，转变经营观念，灵活运用

① 涂华，孟民等. 打造书业现代物流体系 [N]. 中国图书商报，2004-01-16.
② 穆宏志，瞿磊. 10 年书业物流：从“奴隶”到“将军”[N]. 中国图书商报，2005-01-07.
③ 陈磊. 日本的图书物流中心 [N]. 中国新闻出版报，2010-03-01.
④ 夏丽丽，任凤香，尹华灵等. 浅论国外图书物流发展模式对我国的启示 [J]. 物流技术，2010（12）.

多种物流模式。

对我国出版业物流模式的思考主要有以下观点：李洪喜[①]参照国外的经验，认为现代书业物流系统主要包括以下几种模式：出版商发展的物流系统、批发商发展的物流系统、零售商发展的物流系统、货物运输企业发展的第三方社会物流系统。现代书业物流模式本身就是多样化的，不能简单地理解为只有一种模式。应该从实际情况出发，积极建设各具特色的物流模式。崔青峰[②]认为，现代出版业可以采用外包物流模式、物流联盟模式和逆向物流联营模式。另外，有三种现代出版业物流模式：①出版社网上书店物流模式，送货方式可考虑选择邮政递送、快递公司专递和自建配送系统，也可以与比较成熟的报业配送系统签订合同，通过报业配送系统配送。②零售商网上书店物流模式，需借用第三方物流系统，即邮政递送、快递公司专递或报业配送系统。③连锁店总部网上书店物流模式，自己配送。陈丽[③]认为，图书物流存在诸多模式，包括自营物流、第三方物流、第四方物流以及混合物流等。信息化水平作为决定图书物流成本的关键因素，其高低直接决定了不同物流模式的成本。在信息化水平比较低的时候，图书企业将选择成本相对最低的自营物流模式；在信息化水平比较高的时候，企业会选择成本相对最低的第四方物流模式；在信息化水平居中的时候，企业会选择成本相对最低的第三方物流模式。可见，随着信息化水平的不断提高，图书物流最终将完成从自营物流到第三方物流再到第四方物流的演化。任凤香等[④]分析了电子商务环境下我国图书物流模式存在的问题：物流观念陈旧，物流模式跟不上时代步伐；

---

① 李洪喜. 出版社构建图书物流体系的研究——以电子工业出版社储运系统改革发展为例 [J]. 出版发行研究，2005（11）.

② 崔青峰. 对现代出版业物流模式的设想及研究 [J]. 集团经济研究，2007（9）.

③ 陈丽. 图书物流成本与物流模式演化分析 [J]. 出版发行研究，2008（6）：36~40.

④ 任凤香，戴晓欢. 电子商务环境下国外图书物流模式对我国的启示 [J]. 商场现代化，2009（10）：43.

物流配送各自为政，尚未建立电子商务环境下的图书配送体系；中国图书企业物流资源不丰富，普遍经济实力差；物流人才匮乏，严重掣肘图书物流发展。他们同时指出，电子商务环境下发展我国图书物流模式的措施：转变经营观念，灵活运用多种物流模式；充分利用现有的物流网络资源，尽快建立电子商务环境下的图书配送体系；培养高素质的图书物流人才。

上述研究为本项研究奠定了很好的理论基础，提供了研究思路和有价值的参考。同时，这些研究也存在一些不足，诸如：说问题的多，制定实质性的解决方案的少；硬件设施介绍性多，谈如何满负荷运营的少；回顾多，可持续发展方面的研究少；要么停留在理论研究层面，要么是简单的实际情况宣传、介绍，理论与实际紧密结合的不够；等等。而这些也为本项研究留下了空间。

（二）国外出版物流研究现状

对物流思想的演变过程，美国权威物流学者唐纳德·J.鲍尔索克斯（Donald J. Bowersox）教授做过总结：20世纪50年代以前，强调物流成本、客户服务；60年代，强调综合外包；70年代，强调运作整合、质量；80年代，强调财务表现和运作优化；90年代，强调客户关系和企业延伸；21世纪，强调供应链整合管理。

出版界因物流成本大大高于其他行业，于1997年开始关注供应链管理问题。1998年2月，一份名为《英国书业：揭开供应链幕后之谜》的报告指出：发行成本居高不下的主要原因是英国出版业呈现的多头贸易关系。该报告将图书发行业描绘成一个“复杂、敌对、缺乏合作”的行业。英国出版商协会会长特里沃·格罗维尔认为，提高图书发行效率涉及全行业的利益，仅靠一家出版企业或一家大型零售商是无法解决的，对此，出版界各方必须达成一种共识，即无论是出版商还是销售商，要想生存并继续发展下去，就必须联合起来共同解决那些妨碍图书发行效率提高的问题。2000 年 7 月，英国出版商协会和书商协会出版了《图书退货新流程草案》,[①] 草案提出退货将采用电子手段进行，从订货、退货到最终的处理程序都将大大简化，使各方都能节省操作费用。

美国书业研究组织（The Book Industry Study Group，BISG）执行主任 Frank Daly 提交的《2002 书业报告:退货问题》[②] 指出，高退货率一直困扰着美国出版业，2001 年大众平装图书退货率高达 50%。

国外其他有关物流、出版物流的研究文献主要涉及逆向物流、物流专业人才培养等。GUNASEKARAN 和 NGAI [③] 通过对香港物流的研究，发现物流表现的好坏与物流的竞争战略有着密切的关系，指出：与客户联合、采用恰当的运营模式和技术是小型第三方物流企业成功的关键。

王强等[④] 通过分析中国大陆和香港的第三方物流情况，得出了以下结论：①在过去的几十年里已经见证了飞速发展的商业对物流的需求。尽管物流发展的壁垒仍然存在，但是中国经济的快速增长、加入 WTO 和电子商务的发展已经为促进物流发展与提高奠定了基础，只是物流基础设施较差，阻碍了跨国公司全面利用中国的物流。②在香港，第三方物流考虑比较多的是如何能够保持服务质量和应对激烈的市场竞争压力，提供更加有弹性和持续的服务。③目前一些物流企业缺乏 ISO9000 认证，中国政府应该建立物流行业标准，如关于 RFID 的标准。④企业和高校应该开设更多的课程和训练，以培养更多的物流方面的人才。

---

① The Publishers Association and Booksellers Association. Returns: the New Process. Book Industry Communication, 2000.

② Frank Daly. Executive Director's Annual Report 2001–2002.The Book Industry Study Group, 2002.

③ GUNASEKARAN A and E.W.T. NGAI. The Successful Management of a Small Logistics Company [J]. International Journal of Physical Distribution &Logistics, 2003, 33 (9/10).

④ QIANG WANG, ZHONGFANG CHU, QIANG ZHOU, FUJUN LAI. A Comparative Study of Third–Party Logistics in Mainland China and Hong Kong [J]. Transportation Journal, 2008.

吉姆颜春和陈为平[1]分析了中国大陆、台湾和香港特区的逆向物流，指出：尽管在中国大陆、台湾和香港特区的商业模式不同，但出版物的正向物流与逆向物流活动是基本相同的。一本书或一本杂志通过逆向物流返回出版社的原因之一，是一些有缺陷的书籍通过“走私”或以很便宜的价格购进，而不道德的员工或书商将销售不出去的书籍退给上游经销商，这无疑会给上游经销商带来经济损失。台湾物流业的发展水平相对较高。自20世纪90年代以来，政府推广的商业自动化给今后几年物流的发展打下了坚实的基础，推动了连锁书店物流中心的快速发展；香港一直注重用现代物流系统代替传统仓储、分拣等的手工操作，但是没有足够的土地空间；中国大陆需要大量的物流专业人才，许多学生在香港学习物流方面的课程、参加物流方面的培训。

托拜西[2]分析了有关国家和地区关于物流方面的文献，指出：在物流领域固定不变的就是变化。为了保持优势，企业应该不断地发展和创新，应该认真对待人才的招聘；要关注第三方物流、物流设计和物流基础设施的建设；信息技术能够有效促进供应链高效运行。文章还提到了绿色物流和逆向物流。

《航空货运》的编辑理查得·马尔金[3]在《再叙图书航空物流》这篇文章中提到，荷兰皇家航空公司的出版物物流服务，强调“精准配送”和提供各种各样的服务以满足客户的需要。

---

① Yen-Chun Jim Wu Wei-Ping Cheng. Reverse Logistics in the Publishing Industry: China, Hong Kong, and Taiwan [J]. International Journal of Physical Distribution &Logistics Management, 2006, 36 (7).

② Tobias Schoenherr. Logistics and Supply Chain Management Applications within a Global Context: An Overview [J]. Journal of Business Logistics, 2009, 30 (2).

③ Richard Malkin. Rewriting the Book In The Book In Air Distribution [J]. Air Cargo, 1991 (4).

三、研究内容、方法与路径

出版发行物流是融合出版、仓储、物流配送和信息服务等的复合型服务产业，是文化创意产业的重要组成部分，涉及领域广，在促进出版产业结构调整与升级、转变经济增长方式和满足人民群众日益多样化、高质量的文化需求等方面发挥着重要作用。

经过近十年的建设，出版业物流规模化发展已见雏形，解决了制约行业发展的“瓶颈”，但也出现了一些亟待解决的问题，诸如：物流设施是一流的，物流效率提高了，但物流费用仍然居高不下；大型物流中心建立起来了，该如何满负荷运营？是否要开展第三方的社会物流？是否要在异地建立仓库？如何真正实现跨区域、跨越式发展？出版业物流供应链问题何在？如何优化？等等。而这些正是本项研究的主要内容与研究意义所在。

（一）研究意义

1. 出版业物流运作模式研究是确保其可持续健康发展的当务之急

出版业物流运作模式是在一定的社会经济形态下，出版发行物流企业经营的总体概括及可持续发展的战略思考。出版业要可持续发展，不能只注重硬件设施与形象工程建设。尤其是北京作为全国的政治、经济和文化中心，作为九大物流区域和十大物流通道的全国性物流节点城市，在建造了出版发行物流中心之后，应运用现代物流与供应链管理理念、技术和方法，重点研究如何更好地运行，真正发挥其平台功能和龙头作用。

2. 在供应链管理环境下，出版业物流运作模式的研究刚刚起步

当今的市场竞争不再是单个企业之间的竞争，而是供应链与供应链之间的竞争，出版发行行业也不例外。但是，如前所述，出版业供应链多是纸上谈兵；第三方物流的运作模式如何更有效地应用于出版发行物流企业还不清晰；第四方物流的运作模式在出版发行业的应用还无人涉及。为了促使物流效率提高的同时降低物流成本，结合我国出版业实际，对出版业供应链进行深入探讨，构建可行的供应链物流模式是非常必要的。

（二）研究的主要内容

为了促进出版业物流的可持续健康发展，实现经济效益和社会效益的共赢，本课题就以下内容进行深入研究。

1. 出版业物流现状调研

出版业物流发展到今天，究竟谁在做物流？出版企业是否应放弃自营物流而专注于自己的核心能力——内容出版？近十年建设的大型出版物流中心的运营情况如何？是否处于供应链管理的核心地位？出版业物流成本居高不下的主要原因何在？出版业物流运营中存在哪些问题等，虽然研究文献中有所涉及，但都存在一定的片面性、主观性和时效性，需要系统、深入的调查研究加以明确，以便客观地进行总结分析，提出更有针对性的、切实可行的对策。

2. 出版业现行物流模式分析

出版业现行物流模式大体上可以分为自营模式、外包模式和混合模式，或分为出版商物流、批发商物流和零售商物流，但现有文献缺乏定量分析，对各自的运作模式及其优劣没有深入的剖析，这些正是

本研究的内容之一。

3. 供应链环境下出版业物流模式优化

供应链已被成功地运用于多个领域，我国出版业对此有一定研究，但大多较为肤浅。国内出版发行企业进入 21 世纪才开始市场化改革，供应链内的许多企业对自身的竞争优势定位尚不明确，由此产生了许多节点内企业功能重置、资源浪费，以致出版业库存、物流费用居高不下。可以说，出版业真正的供应链尚未形成，物流中心的运营模式尚在探索之中。本研究应用供应链理论及其主导思想，通过构建联合库存、互惠式供应链以期对出版业物流模式进行优化，避免重复投资建设，在现有的硬件设施基础上，优势互补、合作共赢，达到供应链效益最大化。

4. 数字出版环境下，大型出版物流中心的可持续发展

数字出版突飞猛进，大型出版物流中心受到冲击是必然的，其可持续发展问题需要未雨绸缪，本研究在此要探讨第三方物流及其他相关策略问题。

（三）研究方法与路径

出版发行物流企业的运作模式的形成既受到企业地理位置、房屋与设备投资及其最初的功能定位的限制，也与整个出版印刷行业的发展态势、社会技术进步、人们的阅读习惯等因素有关。为此，对出版业物流运作模式的分析应紧密结合物流中心建设与运营实际，在科学调查研究的基础上，建立和优化其运作模式。

（1）依托北京的区位优势，通过对在京的出版社及发行物流企业的调查，了解其物流设施配置、实际运营现状，明确出版物流供需状况和问题所在，总结归纳出版业物流运作模式。

（2）走访我国典型的大型出版物流中心，并以北京出版发行物流中心（北京国际图书诚）为重点研究对象，进行盈亏平衡分析和运作模式分析。

（3）借鉴国外出版业物流组织的成功经验，结合出版业物流实际，应用物流与供应链管理相关理论，以降低物流成本、提高物流效率为目的，构建和优化出版业供应链。并邀请业内专家，用特尔菲法、专家座谈会法等进行分析、论证。

（4）结合数字出版的最新发展趋势，研究出版发行物流企业可持续发展的物流战略选择，使其可持续盈利地在文化创意产业发展中扮演好自己的角色，发挥最大的促进作用。

本项研究主要运用文献研读、实地调查、个案研究与比较分析等方法。研究路径如图 1–1 所示。

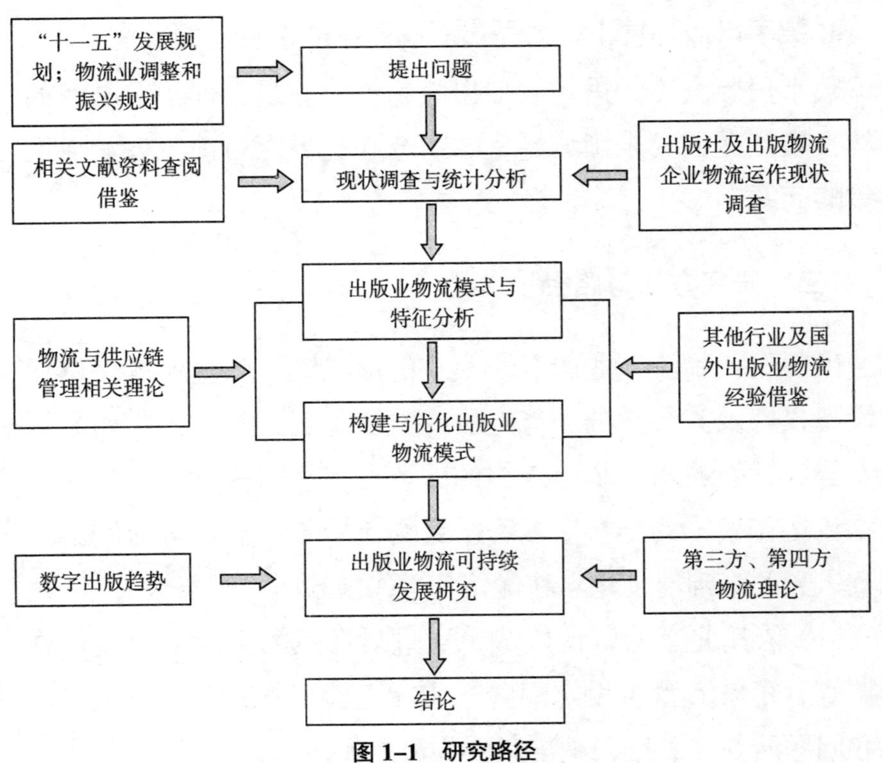

图 1–1 研究路径

四、研究范围及概念界定

（一）研究范围

1. 行业与企业范围

本研究针对出版业。出版是将知识信息产品经过加工后，以商品生产的形式大量复制在一定的物质载体上，并使其广泛传播的过程。出版业物流的主要对象是出版物，即承载着一定信息知识、能够进行复制并以向公众传播信息知识为目的的出版行为的成果和产品。主要包括一般图书、课本及教辅材料、音像制品等。为此，围绕出版物的流动，研究的企业范围主要是出版企业、出版物批发零售企业以及以出版物物流为主的物流企业，尤其是近几年由新华批销中心改扩建或新建的大型物流中心。

2. 地域范围

北京地区出版企业数量占到近 1/2，且涉及各类出版企业，故出版物流需求调研主要集中在北京地区。物流中心的调研则选择了北京及中东部地区的大型物流中心，如北京出版发行物流中心、上海新华传媒物流中心、浙江新华下沙物流基地、四川新华文轩物流配送中心、山东出版发行中心和世纪天鸿图书物流配送中心等。其中，以北京出版发行物流中心为重点研究对象，分析其运行模式，为相应规模的大型物流中心提供参考。

（二）概念界定

1. 物流与出版物流

我国国家标准《物流术语》中对物流定义如下："物流是物品从供应地向接收地的实体流动中，根据实际需要，将运输、储存、装卸、搬运、包装、流通、加工、配送、信息处理等功能有机结合来实现用户要求的过程。"[①] 美国物流管理协会（CLM）将物流定义为："物流是供应链的一部分，是指为了满足客户的需要而发生的从发生地到消费地的物质服务和相关信息的流动过程，以及为使保管能有效、低成本地进行而从事的计划、实施和控制行为。"显然，美国物流管理协会的定义强调两点：一是物流是供应链的一部分；二是物流是一个管理过程。

我国 2009 年 3 月出台的《物流业调整和振兴规划》将现代物流界定为：现代物流泛指原材料、产成品从起点至终点及相关信息有效流动的全过程。它将运输、仓储、装卸、加工、包装、配送、信息等有机结合，形成完整供应链，为用户提供多功能、一体化的综合性服务，强调了"供应链"与"服务"功能。

出版物流则是以出版物为主要对象、主要为出版业服务的现代物流在出版业的应用。通过引入现代物流理念，运用现代物流技术，以提高出版物及其信息从供应到消费的流动效率与效益为目的而进行的计划、执行与控制即现代出版物流。按照行业与企业范围界定，其物流对象——出版物，既包括一般图书、课本及教辅材料，也包括音像制品、电子出版物等。

---

① 国家技术监督局. 中华人民共和国国家标准，物流术语［M］. 北京：中国标准出版社，2001.

2. 物流中心

物流中心也称物流据点、流通中心、配送中心、集配中心等。物流中心的概念有广义和狭义之分。广义的物流中心包括港湾、货运站、仓库、公共流通商品集散中心、企业自身拥有的物流设施等。显然，这些机能大相径庭的事物都被统一看成物流中心，其所涵盖的内容和范围十分广泛。而狭义的物流中心则除了铁路货运站、港湾设施、机场设施和道路等物流基础设施部分，专指为有效地保证商品流通而建立的物流综合管理、控制、调配的机构。显然，狭义物流中心的概念侧重的是物流的管理效能和行为。

《物流业调整和振兴规划》进一步将物流节点分为三个层次，即全国性节点、区域性物流节点和城市物流节点。每个节点城市，其物流运作又被分为物流园区、物流中心和配送中心三个层次。物流园区是为了实现物流设施集约化和物流运作共同化，或者由于城市物流设施空间布局合理化的目的而在城市周边等各区域，集中建设的物流设施群与众多物流业者在地域上的物理集结地。配送中心可以是企业内部的配送中心，也可以是一个工业园里的专业配送中心。

《物流术语》（GB/T18354–2006）中对物流中心和配送中心的定义如下："物流中心是从事物流活动且具有完善信息网络的场所或组织，应基本符合以下要求：主要面向社会提供公共物流服务；物流功能健全；集聚辐射范围大；存储、吞吐能力强；对下游配送中心客户提供物流服务。""配送中心是从事配送业务且具有完善信息网络的场所或组织，应符合下列要求：主要为特定客户或末端客户提供服务；配送功能健全；辐射范围小；提供高频率、小批量、多批次配送服务。"

3. 模式

模式（Pattern）是前人积累的经验的抽象和升华，是从不断重复出现的事物中发现和抽象出的规律。只要是一再重复出现的事物，就可能存在某种模式。

各行各业的运营均有一定的固有模式。物流运作模式是企业对其生产经营过程中所涉及的物流活动的管理方式。只是任何模式都是在一定的条件下形成并随着环境的变化不断发展变化的，对物流运作模式的研究应该用发展的眼光，并不断创新。

第二章　出版社及相关物流企业物流运作模式调查与分析

近几年，大型出版发行物流企业如雨后春笋般地建立起来。2007年11月8日，全国最大的出版物集散中心——北京出版发行物流中心正式开业。此大“集”大“散”平台功能的创新发挥，将进一步加宽、拉长出版发行产业链，发挥首都文化创意产业重点项目在全行业的“龙头”和“风向标”作用。可是，四年后的今天，该物流中心的物流业务仍以企业内物流为主。其他省市的大型出版物流中心也大致如此，大多定位很高、投资很大，但只是企业物流而没有成为真正的物流企业。

出版社没有物流需求吗？其物流是如何运作的？又是谁在为其做物流？为了解出版社物流现状、物流服务需求以及为之服务的物流企业情况，本研究课题组对北京地区30多家出版社及其相关的物流企业进行了问卷调查。

一、调查组织情况

（一）调查目的

调查分为两个部分：第一部分是出版社物流现状及其物流需求调查；第二部分是为出版社提供物流服务的物流企业情况及其运作模式调查。

出版社调查的主要目的是：通过了解出版企业目前的物流现状及物流服务需求，为大中型出版物流企业整合物流业务、开展物流的各种增值服务、建立全面的物流信息交换平台、建立真正的现代物流服务体系提供参考。此外，了解物流费用支出情况，促使出版机构建立物流成本意识，注重物流模式的科学选择，以便更加专注于核心业务，降低物流环节成本，增强自身竞争力，同时全面提升资源利用率和物流运营效率。

相关物流企业调查的主要目的是：了解北京地区为出版社提供物流服务的物流企业的基本情况、物流功能、服务对象及其物流业务的运营模式，以便清楚出版社物流是谁在做，做得如何，能否满足出版社的物流需求。

（二）调查对象与抽样方法

按照本项目研究范围的界定，企业范围主要是出版企业、出版物批发零售企业以及以出版物物流为主的物流企业，尤其是近几年由新华批销中心改扩建或新建的大型物流中心。出版社是图书出版物流的源头，此项调查的主要对象是出版社以及为其提供物流服务的物流企业。

抽样采用判断抽样与便利抽样相结合的方法。北京地区出版社数量占到全国的近 1/2，且涉及部委、高校和市属各类出版社，故采用北京地区的出版社及其相关物流企业作为样本框进行研究有较高的代表性。具体样本则采用便利抽样方式，部委出版社、高校出版社和市属出版社均有所涉及。

（三）调查表设计、发放与回收

调查手段以问卷为主，采用当面询问和电子邮件方式发放与回收。其中，出版社调查问卷主要涉及出版社规模、物流部门设置、所采用的物流模式、物流费用、对物流企业提供的物流服务的满意度、物流委托意愿、物流信息管理、出版社在物流方面存在的主要问题等方面（详见附录 1），问卷共发放 34 份，收回 33 份，有效问卷 30 份，有效率为 91%；出版社相关物流企业调查问卷主要涉及企业的基本状况、物流功能及其服务对象、运作模式等（详见附录 2），问卷共发放 60 份，收回 46 份，有效问卷 40 份，有效率为 87%。

二、出版社物流现状及其物流模式

（一）样本描述

1. 出版社员工人数

调查的出版社主要集中于中、小规模的出版社。员工人数在 101~300 人的占 40%，100 人以内的占 46.7%，300 人以上的仅有 13.3%。如图 2–1 所示。

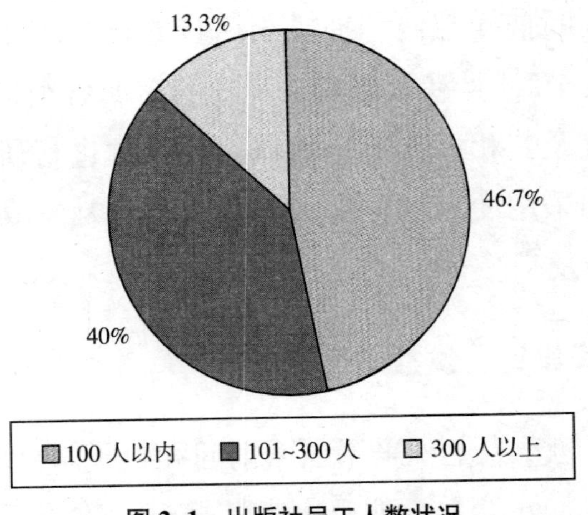

图 2–1　出版社员工人数状况

2. 出版社年销售码洋

出版社年销售码洋情况如图 2–2 所示。

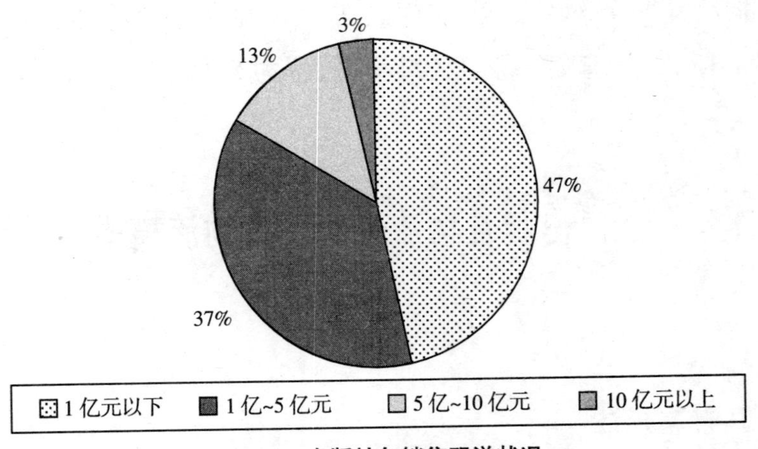

图 2–2　出版社年销售码洋状况

调查的 30 家出版社，近 1/2 销售码洋在 1 亿元以下，1 亿~5 亿元的为 36.7%，5 亿~10 亿元的为 13%，10 亿元以上的仅有 3%。

3. 出版社规模划分

考虑员工人数、销售码洋两项指标，得到统计表 2–1。

表 2–1　出版社员工人数/销售码洋统计表

销售码洋 员工人数	1 亿元以下	1 亿~5 亿元	5 亿~10 亿元	10 亿元以上
100 人以内	12 家	2 家		
101~300 人	2 家	9 家	1 家	
300 人以上			3 家	1 家

如果按照员工人数、销售码洋两项指标对出版社规模进行划分，可分为大型出版社、中型出版社和中小型出版社。其中，大型出版社员工人数 300 人以上、销售码洋 5 亿元以上；中型出版社员工人数 101~300 人、销售码洋 1 亿~5 亿元；其余为中小型出版社。对样本的划分结果如表 2–2 所示。

表 2–2　样本出版社规模

出版社规模	中小型出版社	中型出版社	大型出版社
出版社数量	16 家	9 家	5 家

（二）出版社物流设施与职能部门设置

1. 库房建设与运输设备配备

调查显示，73.3%的出版社建有自己的仓库，26.7%的出版社无自有库房。配备运输设备的出版社占 60%，未配备运输设备的出版社占 40%。而且，调查显示，近七成配备有运输设备的出版社其运输设备不能满足日常配送需求，主要原因是出版社的业务是全国性的，本社设备只能基本上满足本地区提送货需求，外省市业务交由第三方物流公司。

2. 物流职能部门设置

调查显示，近 3/4 的出版社设有物流职能部门，其人数在 5 人以内的出版社近 1/3，10 人以内占到一半，10 人以上的不到 1/4，如图 2-3 所示。

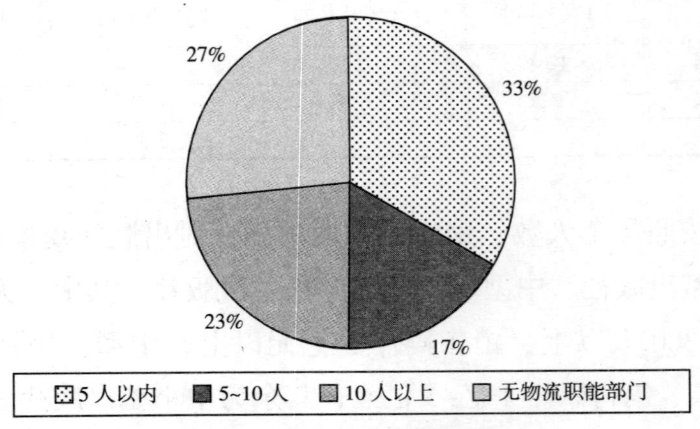

图 2-3　出版社物流职能部门设置

（三）出版社物流模式

出版社采用的主要物流模式如图 2-4 所示，物流模式的采用与出版社规模之间的联系如图 2-5 所示。

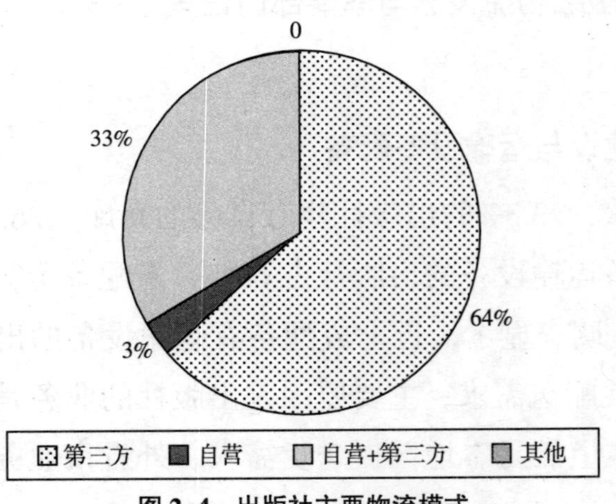

图 2-4　出版社主要物流模式

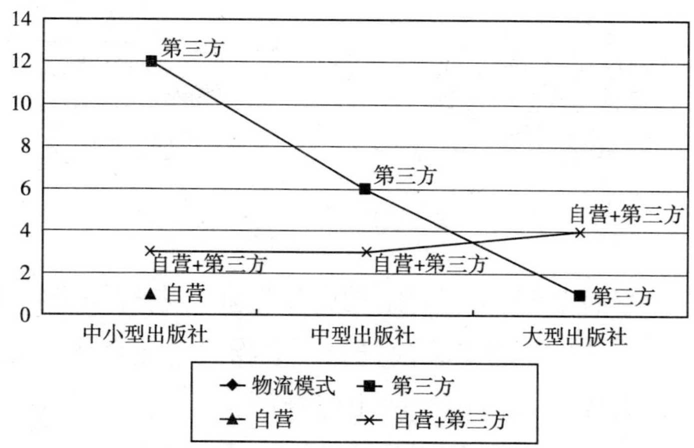

图 2-5 物流模式的采用与出版社规模之间的联系

调查显示，近 2/3 的出版社实行第三方物流，1/3 的出版社同时采用自营和第三方物流模式，只有 3%的出版社完全采用自营物流。另外，中小型出版社多采用第三方物流模式，大型出版社多采用自营与第三方物流相结合的模式，其中，本市图书配送自己完成，外埠图书配送均交由物流公司。

（四）出版社与物流企业的合作情况

1. 合作的物流企业类型

本次调研试图探究是否大多数出版社主要将其物流业务外包给专业的出版物流企业，调查结果如图 2-6 所示。

调查显示，42.86%的出版社选择与专业的出版物流企业合作；38.10%的出版社选择与运输承运公司合作，仅有 19.05%的出版社与一般的社会物流企业合作。

2. 合作的稳定性

在开展与第三方物流企业合作的出版社中，有 90.5%与固定的物

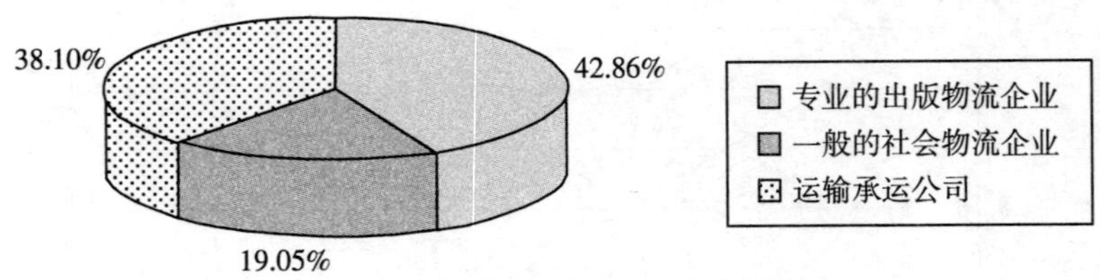

图 2-6 与出版社合作的物流企业类型

流企业合作；只有 9.5%没有固定的合作企业。在有固定物流合作企业的出版社中，有 57.9%的出版社只与一家物流企业合作，42.1%选择与多家物流公司合作。在所调查的出版社中，九成与合作的物流企业签订年度合同（52.4%）和长期合同（38.1%），如图 2-7 所示。可见，合作的稳定性较好。

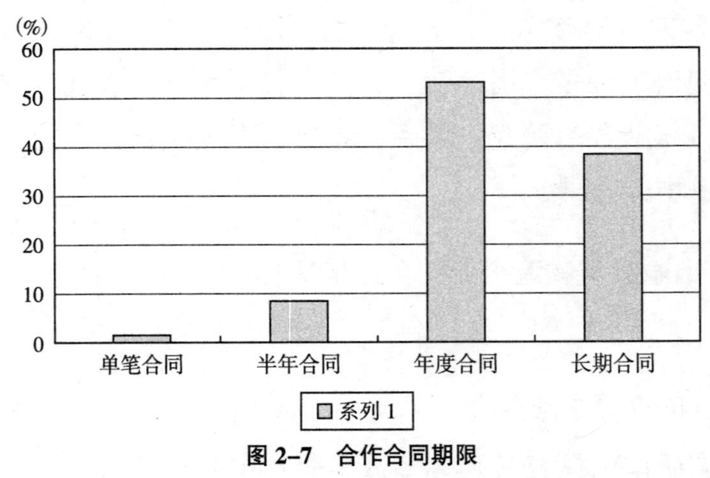

图 2-7 合作合同期限

3. 出版社与批销物流中心的协作关系

出版社与批销物流中心的协作关系如图 2-8 所示。

图书经销普遍流行寄销制，出版社与批销物流中心之间多是销售与配送的关系，而且与新华系统的批销中心之间、与连锁经销公司之间多是建立在销售基础上的批销关系，配送只是新华系统或连锁经销公司内部的配送。

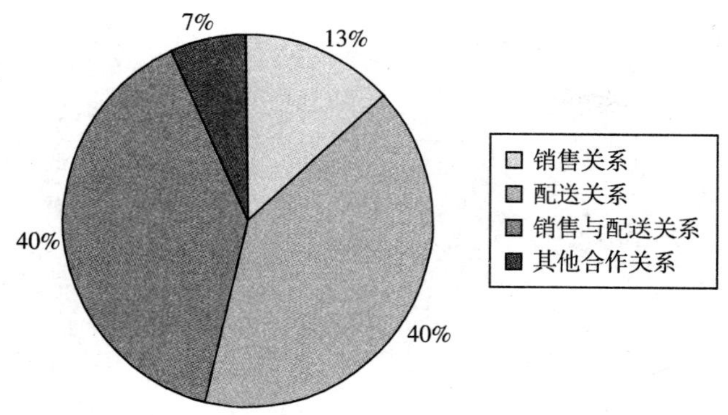

图 2-8　出版社与批销物流中心的协作关系

4. 与物流承包企业的费用结算方式

关于与物流承包企业的费用结算方式，我们所调查的出版社中，七成采用按季度结算。没有任何一家企业采用一次一清的结算方式。如图 2-9 所示。

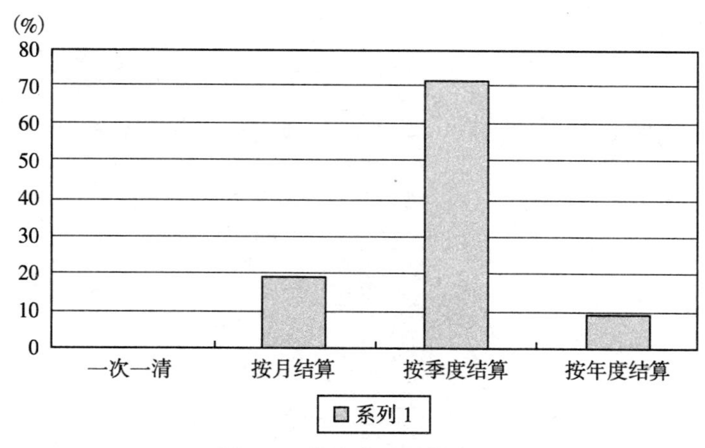

图 2-9　物流费用结算方式

5. 物流费用常用结算单位

出版社物流费用常用结算单位主要有包件数量、重量、运输里程、运输图书码洋的一定比例等。其中，70%以包件数量或同时考虑运输

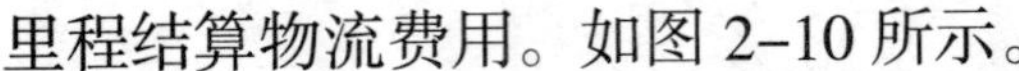
里程结算物流费用。如图 2–10 所示。

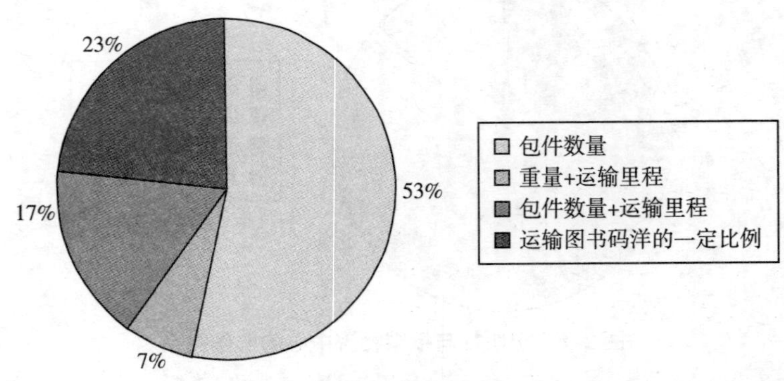

图 2–10 物流费用常用结算单位

（五）出版社物流费用

1. 仓储、运输费用占销售码洋的比重

合理的物流费用是出版社考虑是否将物流业务外包的重要因素之一，调查显示，仓储、运输费用占销售码洋的比重，近 2/3 的出版社在 2%~5%，其次是 2%以下；高于 5%的单位较少。如图 2–11 所示。

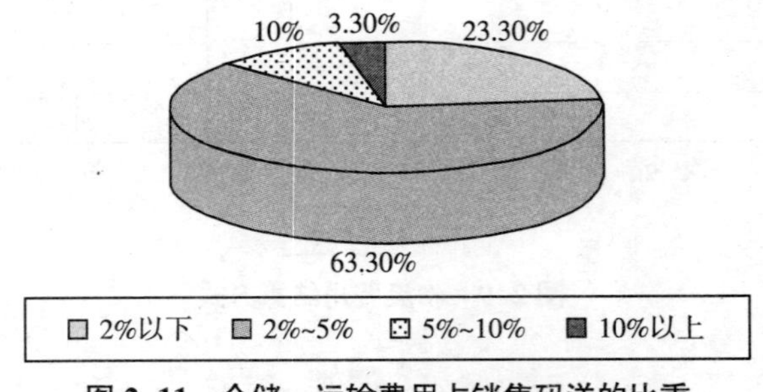

图 2–11 仓储、运输费用占销售码洋的比重

2. 出版社与批销物流中心物流费用的承担者

现行图书寄销制的普遍存在，使得非逆向物流费用主要由出版社承担，所占比例高达 93%。

（六）物流服务满意度及重要性评价

1. 物流服务满意度评价

就物流企业提供的物流服务，本研究对出版社进行了满意度调查。评价因素包括及时性、准确性、完好率、合作性、价格合理性、信息传递、结算。按非常满意（5 分）、满意（4 分）、一般（3 分）、不满意（2 分）、非常不满意（1 分）五个等级进行打分。

调查结果表明，满意度主要集中于满意和一般，非常满意的很少，只有 1 家对及时性非常不满意，如图 2–12 所示。得分结果见表 2–3。

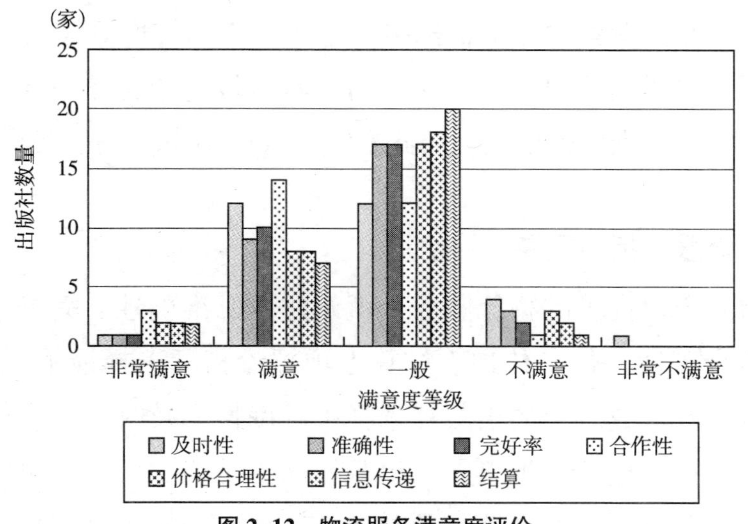

图 2–12　物流服务满意度评价

表 2–3　物流服务评价因素得分表

评价因素	加权平均得分	标准差
及时性	3.267	0.853750
准确性	3.267	0.679869
完好率	3.333	0.649786
合作性	3.633	0.706321

续表

评价因素	加权平均得分	标准差
价格合理性	3.300	0.737111
信息传递	3.333	0.699206
结算	3.333	0.649786

由表 2–3 可见，完好率、信息传递和结算三项指标的均值相等且接近 3（满意程度为一般），但完好率和结算两项指标的标准差较小，而信息传递的标准差较大，说明出版社普遍认为完好率、信息传递和结算这三项指标的物流服务水平一般，对完好率和结算这两项指标的意见一致性较高，而对信息传递的意见一致性较差；及时性和准确性的均值也相等（接近 3），但及时性的标准差较大，这说明出版社对及时性这项物流服务指标的评价意见参差不齐，而对准确性的意见相对趋于一致；在所考察的七个指标中，合作性指标的均值最大（3.633），说明出版社认为物流服务公司相对而言具有较好的合作精神，但由于标准差较大，又说明各出版社对此看法一致性不高。

2. 物流服务指标重要性评价

对物流企业提供的物流服务，就及时性、准确性、完好率、合作性、价格合理性、信息传递、结算七项评价指标选择最重要的三项。调查显示，有八成以上的出版社选择了准确性和及时性；完好率与信息传递两项指标也有一半以上的出版社认为重要。可见，出版社对物流服务最为看重的是准确性和及时性，其次为完好率与信息传递。如图 2–13 所示。

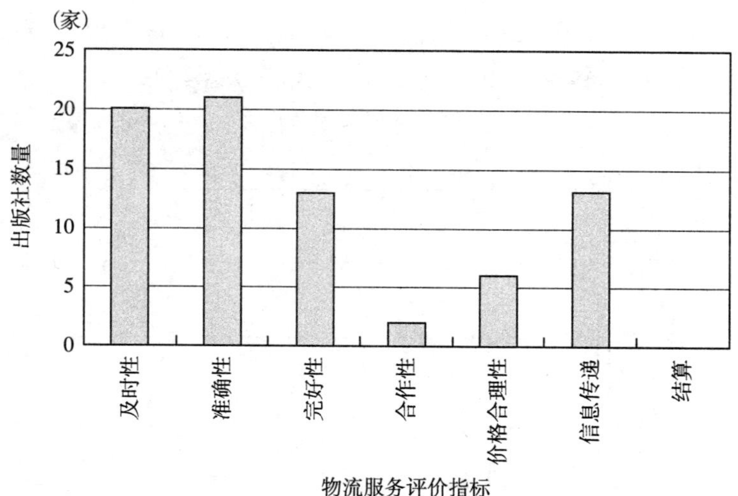

图 2-13 物流服务指标重要性评价

（七）出版社物流信息管理

1. 物流信息管理者

作为物流信息的主要管理者，近 2/3 的出版社自己管理，近 1/3 的出版社由第三方物流企业和批销中心管理。如图 2-14 所示。

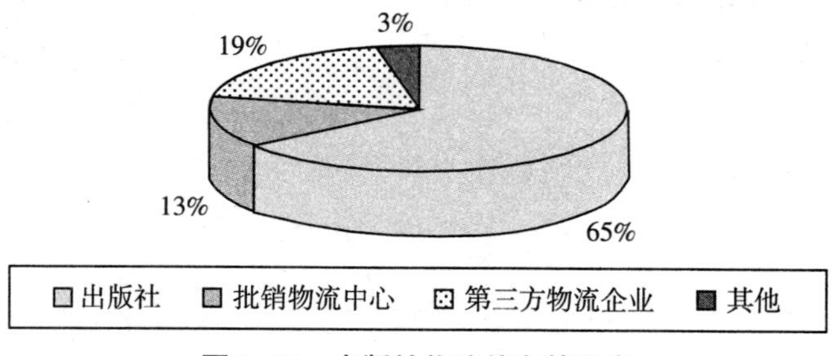

图 2-14 出版社物流信息管理者

2. 物流信息传递方式

调查显示，出版社物流信息以出版社网络系统传递方式为主，其次是出版社仓库入出库统计、Internet（邮件、QQ 等）和通信工具

(电话、传真等)，批销物流中心/企业网络系统和电子订货系统（供应商平台等）传递方式所占的比例较小。如图 2–15 所示。

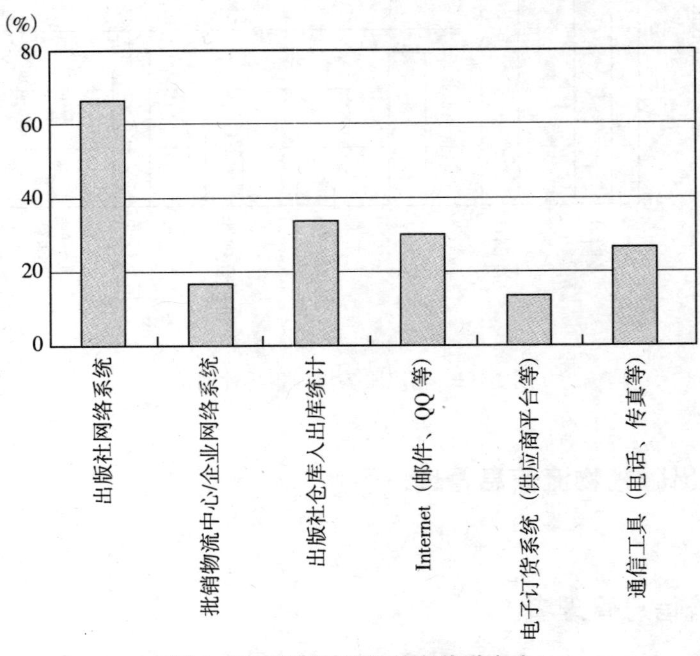

图 2–15　出版社物流信息传递方式

（八）出版社在物流方面存在的主要问题及出版物流发展趋势

1. 出版社在物流方面存在的主要问题

调查显示，出版社在物流方面存在的主要问题是：

（1）发货速度不够及时，发货差错率高，从而延缓了整个发货至结算的过程。这一点与物流服务满意度打分结果是一致的。及时性和准确性的平均得分均为 3.267，较其他物流服务评价因素得分低，而这两项因素又都是出版社最为看重的。所以，物流公司到货的时效性、准确性有待提高。

（2）物流公司考虑自身的利益，在图书发运数量偏少时提货不积极甚至拒绝提货；或将部分外地发货转包给其他物流公司，耽误时间；且转交外地业务时不能保证对方的服务质量，出现残损现象比较多。

（3）信息共享与信息化水平低，通信不及时。签收回单回传比较慢，多数物流公司未配备GPS设备，不能定位图书在运输过程中的位置，导致从库房发出后跟踪困难。

（4）通过铁路运输的退货，多数书店只付运费，未付送货费，需出版社自提，若自提不及时，出版社需支付仓储费，导致物流费用大幅度提高。

除上述普遍存在的问题外，部分出版社还提出了以下一些问题，包括：统一配送率低、物流成本高；没有专业人才管理物流；送货覆盖区域有限，比较偏僻地区，需要客户自己取货；物流与发行工作的衔接不够好；出版社应加强对物流配送链的管理，强化服务；维系出版社与书店的关系，有赖于选择服务良好的物流公司；等等。

2. 出版物流发展趋势

谈及出版物流的发展趋势，出版社受访人员提出的意见归纳如下：

（1）委托给第三方物流快递公司，既有利于信息的整合，又有利于资源的整合，出版社专心做出版。

（2）成立专业的、社会化的物流公司，承担众多出版社的物流服务。集仓储、运输于一身，具有发达的运输网络及高效的信息系统，能提供跟踪式发货查询。

（3）传统储运企业向第三方物流转化并采用先进的管理系统。

（4）备有专业化的物流管理人才。提高人员素质，尤其是责任心及应变能力。

（5）规范化，制定相应的政策、法规，规范出版物物流公司经营行为。

三、相关物流企业情况及其运作模式

(一) 相关物流企业的基本情况

调查显示，出版物流企业成立于1998~1999年的居多，如图2-16所示。这与出版业的实际情况是相符的。20世纪90年代末，由于出版社的数量和图书品种的迅猛增加，新华书店无论在资金、库房、储运方面，还是人员素质、技术条件和运行机制等方面都无法与新形势相适应。出版物发行渠道拥堵不畅，流通周期明显变长。新华书店图书征订量有限、征订周期长，不能适应图书市场需求。从此，出版社走上了自办发行的道路，对物流需求大大增加。

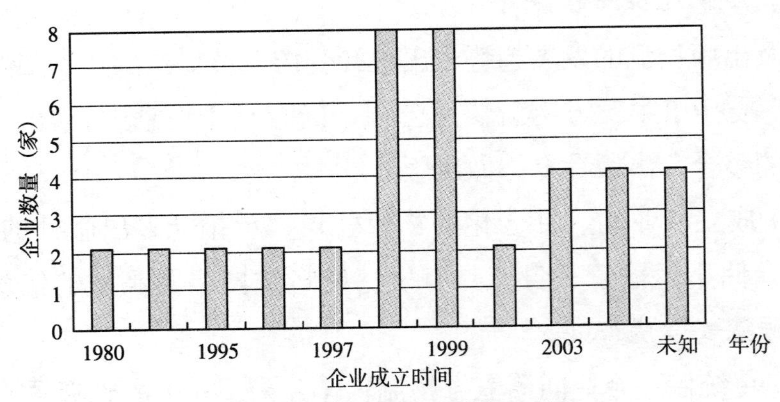

图2-16 出版物流企业成立时间

注册资金、企业员工数、营业额可以反映出版物流企业的规模。调查统计数据如图2-17~图2-20所示。

调查显示，与出版社合作的物流公司，注册资金有一半在1000万元以下，企业员工人数60%在100人以下，八成的公司营业额在1000

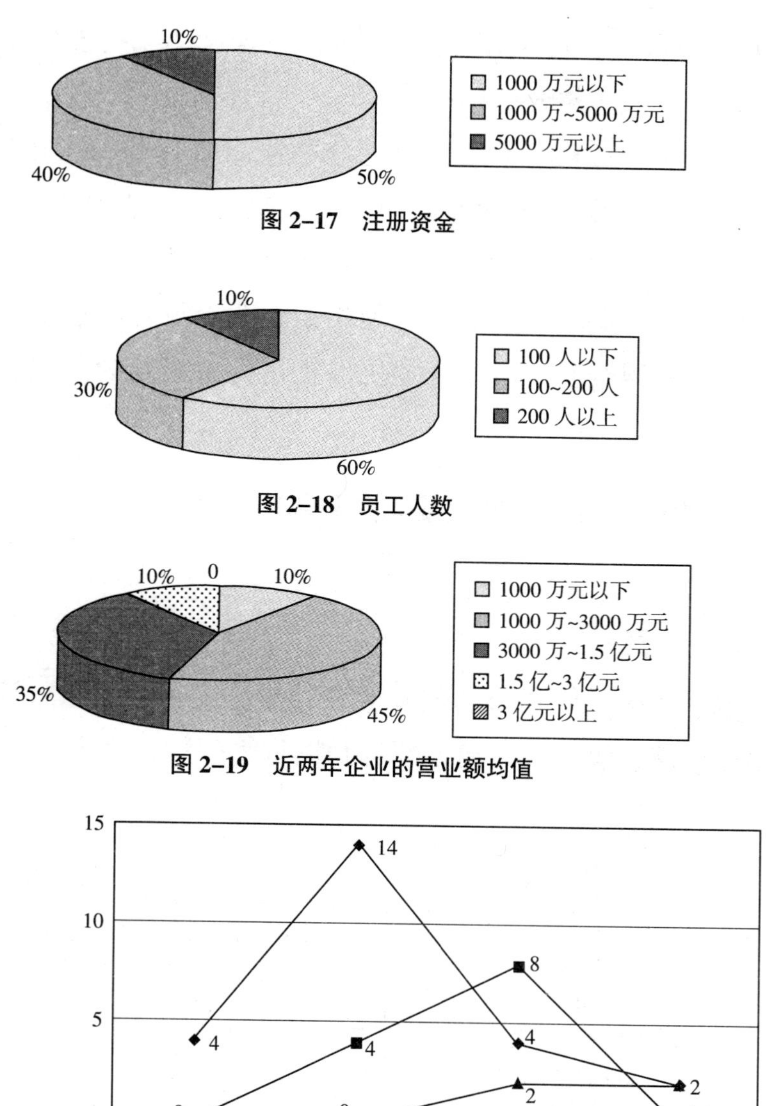

图 2-17　注册资金

图 2-18　员工人数

图 2-19　近两年企业的营业额均值

	1000 万元以下	1000 万~3000 万元	3000 万~1.5 亿元	1.5 亿元以上
—◆— 100 人以下	4	14	4	3
—■— 100~200 人	0	4	8	0
—▲— 200 人以上	0	0	2	2

图 2-20　从业人数与营业额

万~1.5 亿元。员工人数在 100 人以下的公司，营业额主要在 1000 万~3000 万元；100 人以上、200 人以下的公司，营业额主要在 3000 万~

1.5 亿元；而员工人数 200 人以上，同时，营业额在 1.5 亿元以上的公司仅占 5%。

参照《统计上大中小型企业划分办法（暂行）》（国统字［2003］17 号）大中型企业划分标准，中型交通运输业企业从业人员数 500~3000 人，同时，销售额 3000 万~30000 万元，可以认为，北京地区为出版社服务的物流企业基本上都是小型企业，只有北京出版发行物流中心够得上大型企业，但该企业仍以批销为主，其物流主要是企业内部物流。

（二）相关物流企业的主要功能及其服务对象

1. 主要功能

物流企业提供的物流功能及服务越来越多，但与出版社的合作主要集中在仓储、包装、运输、配送和退货管理这几个方面，如图 2–21 所示。

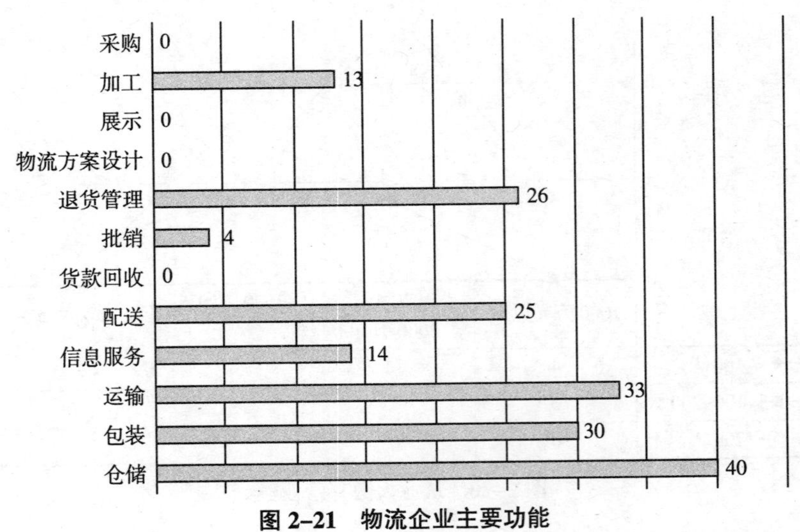

图 2–21 物流企业主要功能

在所调查的出版物流企业中，仓储功能是所有出版社所需要的，而货款回收、物流方案设计、展示、采购在所调查的企业中没有一家涉及。因为展示功能只有像北京出版发行物流中心这类以批销为主的物流中心才可能提供，物流方案设计则是提供第四方物流服务的公司的主要功能。

2. 出版物流企业的主要服务对象

通过了解出版物流企业的主要服务对象，确认这些企业做出版物流的专业程度，如图 2-22 所示。

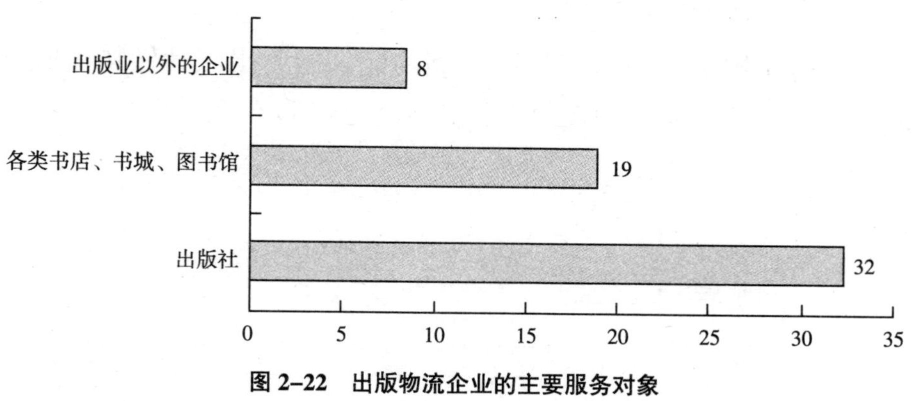

图 2-22　出版物流企业的主要服务对象

从调查数据可知，出版物流企业主要服务于出版社和各类书店、书城、图书馆，大多数为专做出版物流业务的，只有 20%左右的出版物流企业同时服务于出版业以外的企业。

（三）相关物流企业的运作模式

1. 以第三方物流为主

前已述及，为出版社做物流的多为小规模的专业物流公司。进一步的调查显示，这些物流公司多以提供第三方物流服务为主，只有 10%的企业和北京出版发行物流中心一样以满足企业内部物流为主，如图 2-23 所示。

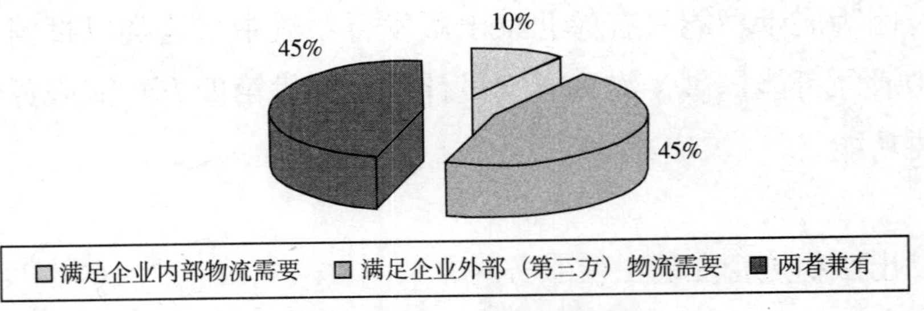

图 2-23　企业物流职能设置目的

2. 以运输为主的配送中心

尽管每个物流企业都提供有仓储功能，但为出版社做物流服务的企业多为以运输为主的配送中心，如图 2-24 所示。

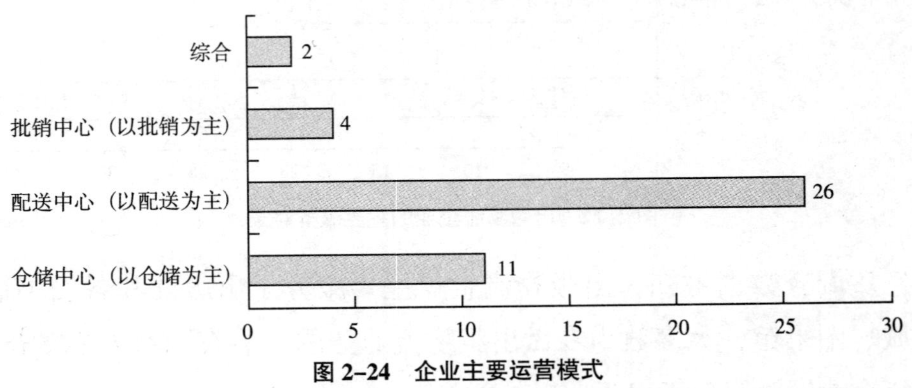

图 2-24　企业主要运营模式

调查显示，一半以上的物流企业为以运输为主的配送中心；另有 10%以仓储和运输为主，有 20%以仓储为主，10%以批销为主，仅有 5%提供物流综合服务。

四、主要结论

依据此次调研与分析，我们可以得出以下主要结论：

（1）七成以上的出版社设有物流职能部门和仓库，六成配备运输设备。物流部门人数多在 10 人以内，主要负责社内仓库入库、打包发货、退货清理以及库存产品管理；负责监督第三方物流公司的物流工作，保证物流效率和质量。配备运输设备的出版社主要为满足本地区提送货需求。

（2）近 2/3 的出版社实行第三方物流，1/3 的出版社同时采用自营和第三方物流模式。而且，中小型出版社多采用第三方物流模式，大型出版社多采用自营与第三方物流相结合的模式，其中，本市图书配送自己完成，外埠图书配送均交由物流公司。

（3）九成以上的出版社与固定的物流企业合作，专业的出版物流企业与运输承运公司各占四成左右；绝大多数出版社与物流合作企业一般签订一年或一年以上的合作协议，七成按季度结算物流费用。合作的稳定性较好。

（4）与出版社合作的物流企业基本上都是小型企业。这些物流企业八成主要服务于出版社和各类书店、书城、图书馆，属于专业的出版物流企业。他们多以提供第三方物流服务为主、以运输为主的配送中心或运输承运公司，主要功能包括仓储、包装、运输、配送和退货管理等。调查的出版社没有将物流业务委托给北京出版发行物流中心的，该中心以批销为主，物流则主要是企业内部物流。

（5）非逆向物流费用主要由出版社承担，所占比例高达 93%。仓储、运输物流费用占销售码洋的比重，近 2/3 的出版社在 2%~5%。如果出版社的平均折扣为 60%，仓储、运输物流费用占销售收入的比例应该在 3%~8%。当然，仓储、运输两项费用只是物流费用的一部分。

（6）出版社对物流公司的服务满意度主要集中于满意和一般，非常满意的很少。出版社对物流服务最为看重的是准确性和及时性，其次为完好率与信息传递。

（7）作为物流信息的主要管理者，近 2/3 的出版社自己管理，近 1/3 的出版社由第三方物流企业和批销中心管理。

（8）出版社在物流方面存在的主要问题是：发货速度不够及时，发货差错率高；转交外地业务时不能保证对方的服务质量；信息共享与信息化水平低，通信不及时；统一配送率低、物流成本高；没有专业人才管理物流。

（9）出版物流的发展趋势，多数出版社受访者认为：出版社应专心做出版，物流应委托给第三方物流快递公司，这样既有利于信息的整合，又有利于资源的整合。

总之，出版社目前主要采用第三方物流以及第三方物流和自营物流相结合的物流模式，且所谓的第三方物流，多是运输环节交给第三方而已，并非是真正意义上的第三方物流；出版社愿意将物流业务委托第三方，期盼专业的第三方物流公司提供及时、准确的物流服务，可见出版物流企业有相当的业务扩展空间，应该抓住并很好地满足出版社的物流需求；建立高效的现代出版物流中心，及时、准确的信息传递是不可或缺的，搭建出版物流中心与出版社的信息共享平台，是出版物流企业必须要重视的。

出版体制改革催生了出版集团、发行集团的成立，大型出版发行物流中心相继开业运营。然而，调查显示，出版社物流并没有明显的改善，真正意义上的第三方物流在书业没有建立。出版社需要专业物流公司提供及时、准确的物流服务，以便专心做出版。大型的专业出版物流企业有相当的业务扩展空间，应该转变物流模式，大力发展第三方物流，抓住并很好地满足出版社的物流需求。

第三章　大中型出版物流中心运作模式

如前所述，出版物流中心多作为企业内部的一个成本中心为企业内部服务，且其功能涉及运输、仓储、展销、批发与零售等。为此，很难依据（国统字［2003］17号）大中型企业划分标准将其归到批发业企业、零售业企业、交通运输业企业或是仓储企业，按销售额和员工数量分出中型或是大型企业。考虑出版业的实际情况，这里采用建设物流中心的投资额及其设计能力（年配送码洋）从某种程度上反映规模大小。假设物流中心配送收费，每包件20元，约1000码洋。参照大中型企业划分标准，对于中型企业，一般年销售额要在3000万元以上，工业和建筑业资产总额要在4000万元以上（其他行业没有此项条件），相应的，出版物流中心中型企业划分标准可以规定为：投资4000万元以上、年配送码洋15亿元以上。

一、投资建设概况

近几年，出版物流已成为新一轮的投资热点，各种物流中心、物流园区、物流基地等投资项目几乎天天见诸报端，如新闻出版网信息：2007年11月开工，2010年完工的山西规模最大出版物发行中心启用；2009年4月，山东新华投资3.4亿元建一流出版物流总部；2010年6月甘肃新华书店集团物流园开工奠基等。可以说，21世纪初至今，是以新华书店为首、为主的物流中心建设期，2/3在近10年建成并投入运营，另有1/6将在2012年以后建成。

新闻出版总署《新闻出版业"十一五"发展规划》明确提出，到2010年，在全国建立5~6个出版物现代物流中心。北京出版发行物流中心、新华文轩物流配送中心、西北出版物物流基地、辽宁北方出版物配送有限公司以及河南出版物流配送中心的相继投入运营，为出版物流基地建设规划递交了圆满的答卷。

据不完全统计，至2008年我国拥有出版物连锁经营企业29家，23家省级新华书店实现了省内或者跨省连锁经营，10万平方米以上的大型图书物流中心6个，年利润千万元以上的图书物流中心10个。[①]至2011年，除出版商自建物流中心外，全国31个省市自治区共建有出版物物流中心、物流基地或配送中心32个。

1. 投资主体

除黑龙江、青海、内蒙古以外，全国31个省市自治区新华书店系

---

① 朱欣华. 加快廊坊市出版物物流之探讨［J］. 科技情报开发与经济，2009（20）.

统中 28 个建有物流中心、物流基地或配送中心。2009 年 8 月，内蒙古新华书店集团与辽宁出版集团辽宁北方出版物配送有限公司（以下简称北配）“双赢”合作，成立了内蒙古分公司，在全国率先打破地区分割和封锁，实现了跨地区经营。2010 年 8 月，北配与黑龙江发行集团双方开始启动连锁经营。

表 3–1　非新华书店系统投资建设出版物流中心一览表

公司名称	投资主体	投资额
上海世纪出版公司物流中心	上海世纪出版公司	3.54 亿元
西北出版物物流基地	海亚物流控股（新加坡）有限公司与陕西奥达企业集团共同投资	10 亿元
山东世纪天鸿图书物流配送中心	山东世纪天鸿书业有限公司	4.5 亿元
浙江出版物物流基地	海亚物流控股（菲律宾）有限公司与香港奥达企业集团共同投资	10 亿元

2. 投资规模

规模大、设施先进是现代出版物流中心的基本特征。在除出版商自建物流中心之外的 32 家出版物流中心中，有 28 家达到中型及以上企业标准（投资 4000 万元以上、年配送码洋 15 亿元以上）。其中，近 1/3 的物流中心投资在 2 亿~3 亿元，近 1/4 的物流中心投资在 3 亿~5 亿元，投资 10 亿元左右的物流中心有 3 家，占地面积 400 亩以上的有 3 家，设计能力（年配送码洋）40 亿元以上的有 11 家（占 1/3），80 亿元以上的有 7 家。多数新华系统的物流中心在所处省市范围内，为最大的出版物流中心。

二、功能定位与第三方物流开展情况

（一）功能定位与目标

本项研究所关注的28家大中型出版物流中心，1/3以上的功能定位是：提供展示展销、批发零售、分拣包装、仓储运输、网点配送、综合服务六大功能，集信息流、商流、物流、资金流于一体，为出版物物流提供全方位现代化服务。1/5的出版物物流中心主要满足连锁经营的需要，出版物统一进货、统一库存、统一配送、统一退货、统一结算和统一管理。另外，几乎每个物流中心的服务地区范围都定位为本省及周边地区，甚至辐射全国，打造区域性中盘商成为一些新华物流的目标。

（二）第三方物流开展情况

近几年，出版业面对竞争日益激烈的出版物发行领域，已经认识到规划和建设专业的出版物物流中心已成为构建和谐的供应链关系、形成企业核心竞争力的必由之路。然而，经过几年的建设，国有物流中心的闲置与民营书业物流设施的匮乏又成为我国书业物流的一个基本事实。为此，很多业内人士认为第三方物流将成为书业物流新的增长点。

本项研究所关注的28家大中型出版物流中心，有近20%准备尝试和涉足第三方物流，近30%的出版物流中心开展第三方物流并取得一定的经营收益。其中江西新华发行集团拓展大规模的第三方物流业务并成为成功范例，先后与沃尔玛、麦德龙、江中药业、国美电器、东风药业、苏州华光玻璃、深圳亦禾等知名企业建立了业务关系，2009年第三方物流业务实现利润 3500 余万元，2011 年第三方物流业务收入突破两亿元。湖南新华华瑞物流公司 2009 年第三方物流收入占公司当年总收入的 24%。济宁新华物流由山东省新华书店和济宁市新华书店共同出资，于 2002 年创建，是中国书业率先开展现代物流集成化管理的第三方物流企业之一。以设施完善、功能丰富、管理先进、服务优良赢得良好的信誉和客户的信赖，成为鲁西南地区规模最大的家电和出版物物流集疏中心。

三、运作模式

基于对北京出版发行物流中心、浙江新华下沙物流基地、上海新华传媒物流中心、四川新华文轩物流中心等二十多家大中型出版物流中心的调研，大型出版物流中心的物流运作模式可做如下归纳：

（一）第一方物流 + 第三方物流模式

按照配送业务的实际承担者，可以将物流模式分为第一方物流、第二方物流、第三方物流及第四方物流。

在中国 2001 年公布的《物流术语》中，将第三方物流（3PL）定义为“供方与需方以外的物流企业提供物流服务的业务模式”。相应的，第一方物流（1PL）是指由物资提供者自己承担向物资需求者送货，以实现物资的空间位移的过程。第二方物流（2PL）是指由物资的需求者自己解决所需物资的物流问题，以实现物资的空间位移。第四方物流（4PL）则是指“一个供应链的集成商，它调配和管理公司自身，以及具有互补性的服务供应商的资源、能力和技术，以提供一整套综合的供应链解决方案”。

大型出版社和新华书店系统的物流中心多采用第一方与第三方物流相结合的模式，将外省市的运输业务交由第三方。出版集团内的出版社与其物流中心的合作模式，多为代储代运代发，是集团内的第三方物流。新华书店系统，除浙江省新华书店集团下沙物流中心、江苏凤凰新华书业股份有限公司等少数几家将运输物流业务全部通过招标承包给第三方，采用第三方物流模式外，其他只将外省市的运输物流业务外包，在本省市范围内均采用第一方物流模式，通过自建的物流中心为下属的零售店送货。作为供应链集成商的第四方物流模式尚不存在。

（二）批销中心模式

如果依物流中心的功能划分，可以分为仓储中心模式，对货物作中长期储存，以存储为主；配送中心模式，收取来自各个出版社和其他供应商的货物，接受订单，然后把货物发送给客户端；批销中心模式，以批发、零售为主，储运主要为本企业批发服务；综合模式，兼储运、批销、展示、商务以及各种服务功能。

在新华批销中心的基础上成立的物流中心，近20%作为连锁总部的配送中心，以仓储、配送为主；其他的大部分在建设之初定位为“综合模式”，但目前实际运营中多停留在“批销中心模式”。而且，大部分的物流中心都设定有“集散”功能，但“集”的过程，都是由出版社完成，出版社物流运输的主要合作伙伴是社会上的以提供运输为主的小公司。

（三）作为成本中心的企业物流模式

按照企业的组织方式，可以将物流中心分为独立法人的有限责任公司和不具有法人资格的企业内部的一个部门，该部门或是利润中心，或是成本中心。

我国大中型出版物流中心中，除了辽宁北方出版物配送有限公司、湖南华瑞物流有限责任公司、广西新华恒通物流有限公司等少数几个为独立法人以外，其他多为发行集团企业内部的一个部门，而且是作为成本中心，根据销售门店每年的计划，来规划自己的业务计划，主要满足连锁经营配送的企业内部需要，属企业物流，而非物流企业。

作为以仓储、配送为主的成本中心，运输业务的实际承担者和运输费用的实际承担者见表 3-2。由此可见，我国图书物流费用的实际承担者主要是“供方”。而物流业务的实际承担者为供方（第一方）和第三方，如图 3-1 所示。

表 3-2　运输业务的实际承担者和运输费用的实际承担者

运输起点→目的地	主要特征
发货： 出版社→物流中心	出版社运输或委托第三方运输；出版社付费
配货： 物流中心→系统内门店	物流中心运输，多不收费，费用实际由物流中心承担，物流中心为成本中心；只有上海新华传媒为有偿配送，费用由门店支付
退货： 门店→物流中心	运输：有的交由物流中心，有的委托第三方；费用：委托第三方的，由门店支付；物流中心负责运输的，多不收费，只有上海新华传媒由门店支付，为有偿服务
退货： 物流中心→出版社	多由出版社或出版社委托第三方负责运输，出版社付费；有的物流中心负责运输或委托第三方运输，物流中心付费

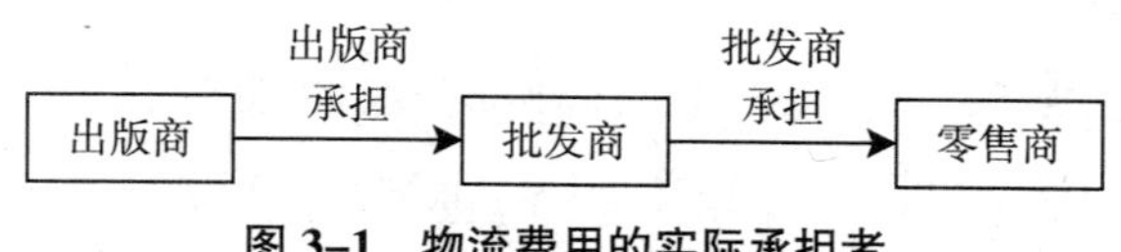

图 3-1　物流费用的实际承担者

（四）内部产业链模式

近十年，我国成立了若干出版集团、发行集团，集团内部既是一个相对完整的产业链，从出版、印刷到批发、零售无所不包。如浙江出版集团下属浙江人民出版社、浙江人民美术出版社、浙江教育出版社等10家出版单位，以及浙江省新华书店集团、浙江印刷集团和浙江省出版印刷物资集团三家子集团。相应的，其物流中心——浙江新华下沙物流基地也带有产业链性质。该基地用地面积258亩，总建筑面积27万平方米，由图书物流中心、印刷中心、物资中心三个子项目组成，布局如图3–2所示。其中，物资中心承担各类出版印刷用纸和复印、打印纸的加工和储运业务，成为现代化的出版印刷物资供应基地；印刷中心承担全省中小学教材、书刊以及全国骨干期刊等的印刷业务，为省内最具规模的现代化书刊生产基地；图书物流中心承担着把浙江版图书发往全国，把全国图书引入浙江的职责，并逐步过渡到全国出版物中盘。物流中心的主要行业特点是整合出版“三大物流”。

图3–2　浙江新华下沙物流基地布局

（五）跨地区的连锁经营模式

新闻出版总署2010年1月5日颁布《关于进一步推动新闻出版产业发展的指导意见》，强调：加强以跨地区连锁经营、信息化管理和现代物流为特征的大型现代新闻出版流通组织建设，重点培育一批主业突出、辐射力强的全国性和区域性新闻出版现代流通企业和企业集团，建设一批辐射全国的区域新闻出版物流中心，并推动有条件的企业跨区域、跨国连锁经营。实现跨地区连锁经营的典型代表是辽宁出版集团下属的辽宁北方出版物配送有限公司。该公司分别于2008年9月和2010年8月与内蒙古新华发行集团、黑龙江发行集团启动跨区域连锁经营，实现了三省图书发行企业的优势互补、共谋互赢。

作为全国第一家规划建设并投入使用的出版物配送中心，北配基本完成了由区域性中盘向全域性中盘的转型，市场辐射范围由东北3省及内蒙古自治区扩大到北京、天津、上海、广东、四川等全国20多个省市，客户类型也由单一的书店客户扩大到电子商务运营商及各级图书馆。截至“十一五”末，北配有效客户数量达到1095家。

北配公司利用先进的信息技术探索了符合自身特色的连锁经营新模式——“全额联网”经营。通过完全市场化的运作模式，搭建起一个出版物实时配送网络，通过信息一体化与客户建立了紧密型的业务合作关系，利用现代网络技术开创了电子商务营销时代。

（六）综合模式

号称全国出版物集散“航母”的北京出版发行物流中心，集商流、物流、信息流、资金流和综合配套服务功能于一体，建造了一个出版发行经营链条上“集”和“散”的多功能平台。它是目前国内规模最大、出版物品种最全、功能和服务最完善的出版物集散中心，是综合模式的典型代表。

北京国际图书城汇集国内出版社图书展示销售区、图书馆采购新书样本大厅、国际出版社图书展示展销区、图书版权贸易厅、信息中心、中国书店古旧图书、特价图书专卖区和图书发行公司、音像制品展示展销区七大功能。

仓储物流配送中心分为北京图书配送中心和代储代发服务中心两部分。配送中心可流转50多万个品种、库存图书1000万册，设计年出版物发货能力80亿元（码洋）；代储代发服务中心主要为各出版社、图书发行公司提供出版物仓储和配送服务。主营代管代发、自管代发、库房租赁、全国运输配送服务等业务。可提供全方位物流服务和个性化物流解决方案。商户入驻物流中心后，足不出户即可以享受到优质、快捷、方便的第三方物流服务。

配套服务中心建有宾馆套房、中西餐厅、会议室、外宾接待室等服务设施，在为入驻企业提供优质配套服务的同时，可常年为在物流中心举办的图书节、交易会、展销会、订货会、发布会、研讨会等提供各类型服务。

另外，市场大厅是北京出版发行物流中心为全国实力强、信誉好、具有一定规模的民营书商经营各类出版物提供的大型交易平台，可容纳 300 余家民营书商入驻经营，合作方式为“统一管理、自主经营、保障服务、联手共赢”。出版工作室是物流中心为出版相关企业提供的一处多功能平台。入驻出版工作室的企业，既可对自己经营或代理的出版物在北京市主渠道市场的销售情况进行实时监控，又可以利用展示展销中心方便地进行选题策划工作。

四、盈亏平衡测算

我国绝大多数配送中心没有达到经济配送规模。以北京为例，北京大多数连锁企业都有自己的车辆、仓库，而自有车辆实载率仅为 25%。① 出版业如前所述，有多位业内人士、学者对如此大规模、高投入的物流中心建设提出质疑。的确，设施先进、功能齐全的物流中心建成后，物流效率大大提高，但物流费用仍居高不下。2009 年，美国物流总成本占 GDP 的比重为 7.7%，我国社会物流总费用占 GDP 的比重为 18.1%。② 我国出版物物流成本占新闻出版业总产值的比重在 20%~25%，不仅大大落后于发达国家水平，而且落后于我国社会物流平均

① 周延波，光昕. 我国连锁零售业物流配送的现状与对策分析［J］. 物流管理，2011（12）：84.

② 中国物流与采购联合会. 中国物流年鉴［M］. 北京：中国物流出版社，2010.

水平。[①] 究其原因，一是以前的物流费用高，与设备落后、效率低下、人工成本高有关，但大笔的投资之后，意味着折旧费用大幅度提高；二是作为成本中心，加之多为免费送货，缺乏成本管理意识在所难免。为此，需要引入本量利分析概念，以明确大笔的投资需要多少业务量的支持及其他本量利分析所带来的益处。

（一）本量利分析的内容及意义

对成本、产量、利润关系的分析，简称本量利分析。主要研究内容包括盈亏临界分析、利润预测与规划，以及实现目标利润的措施和因素分析。

本量利分析首先有利于企业确定计划期的目标利润，制定销售量和销售价格计划，制定单位变动成本和固定成本的支出限额，这是企业经营管理的首要环节。

其次，本量利分析是短期经营决策的重要方法之一。利用本、量、利三者之间变化的规律性，可以为诸如是自营还是外包、储运价格修订等决策提供重要参考依据。

最后，本量利分析还便于业绩的考核与评价。本量利分析能较为准确地说明影响利润变动的因素及影响情况，能简便地分析成本升降的原因，有助于企业挖掘降低成本的潜力，有利于对责任单位的工作进行科学的评价。

（二）盈亏临界分析

盈亏临界点通常是指某一企业，或某一企业中的某一产品或部门，在一定时期所耗费的成本与所取得的收入相等时的业务量。达到该业务量，盈亏平衡，小于该业务量为亏损，大于该业务量则为盈利。税

① 阙米秋. 推进组建全国性国有大型发行集团［N］. 中国新闻出版报，2011-04-06.

后的盈亏临界点销售量计算公式如式（3–1）所示：

$$Q_0 = \frac{a}{p \times (1 - i) - b} \tag{3-1}$$

其中：

Q_0——税后盈亏临界点销售量；

a——固定成本；

p——销售单价；

b——单位变动成本；

i——税率。

此盈亏临界分析是建立在成本性态和管理会计中的变动成本法基础上的。在一定时期和一定业务量范围内，其销售收入线、变动成本线和固定成本总额是线性的。针对物流中心，其销售收入主要表现为运输收入和仓储收入，如前所述，出版业物流通常外埠运输外包给第三方货运公司，本埠运输由自己承担，费用按包件计算，平均每包件1000码洋，每包件收费20元。仓储费用只有代储代发时收取，此项业务相对较少。固定成本多表现为房屋建筑物、车辆、分拣设备、货架等固定资产折旧费用，以及与其相应的房产税、车船使用税、保险和养路费等。投资大、现代化程度高的大中型物流中心，折旧费用非常高。仅1亿元的物流设施投资，按平均20年的折旧年限计算，每年折旧费用就是500万元。这里尚未考虑土地出让费用。变动成本多表现为燃油费、高速费、直接人工费用等，此项费用与业务量多少成正比。当然，还有水电费、管理人员工资、维修费用等不与业务量完全成正比的混合成本，需要通过分析历史数据对其进行分解，并归入固定成本和变动成本。

因我国出版业大中型的物流中心运营时间不长，且多免费送货，虽为成本中心，但缺乏单独的成本核算，为此，上述数据及相应的分析多无法提供。根据投资情况和每年拨付给物流中心（此指储运配送部门）的运营费用，我们可以对盈亏临界点做出初步测算。

假定：尚不考虑销售税金；平均每包件（1000 码洋）收费 20 元；1 亿元的物流设施投资，按平均 20 年的折旧年限计算，每年折旧费用 500 万元；物流中心一年的成本费用 1000 万元；且此时正处于保本状态。则销售收入等于总的成本费用，如式（3–2）所示。

$$20Q_0 = 500 + 1000$$

$$Q_0 = 75\text{ 万件（或 7.5 亿码洋）} \tag{3–2}$$

也就是说，作为成本中心的一个储运配送部门，要抵补每年 500 万元的折旧费用和 1000 万元的运营费用，需要运送 75 万个包件或 7.5 亿码洋。高于此业务量，此部门才能盈利。

根据式（3–2），我们可以倒推出单位变动成本，如式（3–3）所示。当然，此推算是建立在假定的盈亏平衡业务量 75 万件基础之上（实际测算应根据实际的各项成本费用），且固定成本只考虑了折旧费用。在此假定下，要赚取 1000 万元的利润，需要运送 224 万件或 22.4 亿码洋，如式（3–4）所示。

$$200\text{ 元} \times 75\text{ 万件} = 500\text{ 万元} + b \times 75\text{ 万件}$$

$$b = 13.3\text{ 元} \tag{3–3}$$

$$Q=\frac{1000\text{ 万元利润} + 500\text{ 万元固定成本}}{20\text{ 元} - 13.3\text{ 元}} = 224\text{ 万件} \tag{3–4}$$

出版物流中心的业务量能否达到盈亏平衡点，主要取决于投资额和其他运营费用。同时，也要考虑总出版码洋、物流企业数量等因素。

2009 年，我国出版图书总码洋 848.04 亿元，其中课本 279.4 亿码洋。而出版社、网上书店自建物流中心除外，仅新华系统物流中心总设计能力（年配送码洋）就高达 1500 多亿元，是年出版总码洋的近两倍。另外，2009 年，仅北京市就有限额以上专业物流企业（指从事专业物流活动的年营业收入 500 万元以上的法人单位）789 家，其中大型企业 23 家，中型企业 76 家，小型企业 690 家。[①] 出版业的物流中心因多作为企业物流的成本中心，并不包括在这一数据之内。况且，出版单位的物流运输业务多依靠这些中小型的社会上的专业物流企业，而非新华物流中心。对此，出版业建立的大中型物流中心应做出测算，从供给角度看能否达到盈亏平衡、能否达到其设计能力，以便提早做出规划。

（三）相关问题说明

1. 送货费用问题

上述盈亏平衡测算，假定每包件收取 20 元的送货费用，而出版业物流中心在实际运营中多不收费，只是作为成本中心，为企业的批销业务服务，企业主营业务收入为批发与零售。

实际上，免费送货不等于送货费用不发生，只是由谁负担、如何结算的问题。中心负担送货费用，给予客户的折扣就会相应减少。为此，是否收费与作为成本中心的物流中心盈亏平衡测算没有直接关系，我们可以假定每包件收费若干元。不收费用，意味着从销售收入中得到补偿。

但是，中心不收取送货费用，即为纯粹的成本中心，以完成配送任务为核心，会较少考虑成本因素，不利于成本的降低与管理水平的提高。

2. 物流中心盈亏临界分析的必要性与数据来源

在实际的物流工作中，对于成本中心，本量利分析要不要做和如何做尚需要做出说明。

① 中国物流与采购联合会. 中国物流年鉴［M］. 北京：中国物流出版社，2010.

的确，作为成本中心的批销物流中心，尤其是新华书店系统的物流中心，往往很少考虑物流成本。即使考虑，也只是笼统考虑总量，而没有管理意义上的成本核算，更没有考虑要通过降低图书物流成本创造利润。究其原因，主要是大多数图书物流中心都是作为新华书店或图书连锁总部的资源共享平台。准确地讲，图书物流中心就是无偿为教材和图书发行服务，而不是一个利润中心，甚至不是一个成本中心。而作为资源共享平台，主要考虑的是如何完成任务，至于为完成任务要花费多少成本则不在考虑之列。然而，随着物流业与出版业的快速发展，这些物流中心将不得不面对来自方方面面的竞争压力，要在激烈的竞争中生存与发展壮大，必须要重视物流这一利润源。为此，有必要将物流中心由资源共享平台变为一个成本中心或利润中心，视同一个独立核算单位进行核算和考核。以便对达到多少业务量这一临界点做到心中有数，对挖掘降低成本的潜力，科学地评价责任单位，以及某些业务自营还是外包、储运价格如何修订等决策提供重要参考依据。

作为只有部分代储代运收入的成本中心，其实际的营业收入自然不能弥补所有的运营成本。所以，在做临界分析时，应假定所有的配送业务均收取运输费用，业务量即为所有的配送包件数量。单位包件的配送收费即单价 p，可参考业内或社会上的图书专业物流公司价格。固定成本是与物流业务量多少没有直接关系的成本费用。变动成本则与物流业务量成正比。随着业务量的增加而增加，但不成正比的费用为混合成本，对此，需要记录每一项此类成本某一期间的若干数据，用高低点法、回归直线法等将其分解并归入固定成本和变动成本。有了一定期间的固定成本 a 和单位变动成本 b 数据，即可代入式（3-1），计算盈亏临界点业务量 Q_0，并可进一步做其他相应的本量利分析。

五、运营中存在的主要问题

出版业大型物流中心的建设，多基于两个原因：一是有需求，近几年图书出版品种、码洋急剧上升，如表 3–3 所示，物流成了发行的“瓶颈”；二是有政府推动，政府政策支持甚至大笔投资、建设形象工程。

表 3–3 各年度图书数据统计表

年度	出版社数量	新书品种	再版品种	总品种数量	增长%	总码洋（亿元）	增长%	课本码洋（亿元）
2005	573	128578	93895	222473		632.28		266.77
2006	573	130264	103707	233971	5.17	649.13	2.67	258.22
2007	578	136226	112057	248283	6.12	676.72	4.25	254.15
2008	579	148978	125145	274123	10.41	802.45	18.58	280.06
2009	580	168296	133423	301719	10.07	848.04	5.68	279.40

注：数据来源于新闻出版总署（2005~2009）。

但已建立的大型物流中心投入运营后，尤其是要贯彻新闻出版总署颁布的《关于进一步推动新闻出版产业发展的指导意见》，建设一批辐射全国的区域新闻出版物流中心，建设出版物流通信息平台，打造全国统一的网上结算平台，一些问题便凸显出来。

1. 地域分割、各自为政

大型物流中心明显的地域标志充分彰显了地方保护、地域分割思想。[①] 除了辽蒙黑实现了跨区域合作外，其他省市无论是组建集团，还是实行连锁经营，均未突破各自的区域范围，更谈不上辐射全国。在物流系统的建设上则是自行开发、各自为政，一味强调自身系统的强

① 庄玉辉. 我国图书出版行业物流现状浅析［J］. 中国出版，2010(4).

大功能以及业务处理能力，造成重复建设和设施闲置。

2. 标准化、规范化欠缺，网络化尚待建立

物流信息在物流运作与管理中起着中枢神经系统的作用。而行业成熟的标志之一是标准化和规范化。[①] 尽管在标准化、信息化建设方面，2006 年 3 月新闻出版总署就批准发布了《图书流通信息交换规则》行业标准，但因各大中型出版物流中心的信息系统多系自行开发、自成一体，很难兼容、匹配和统一。由此导致各物流中心内部信息流通顺畅，但到了外部就卡住了。如江西省新华物流有限公司，近年来的第三方物流进展十分顺畅，在食品、医药和电子电器、家电各个方面均有拓展。然而，当其尝试物流跨区域联合时问题来了，各省的新华书店没有统一的结算系统，没有规范的业务流程，这给联合造成了极大困扰。该公司也曾联络过其他的省店，希望设点设仓，最后都因种种原因不了了之，结果，只好和当地的社会物流力量合作。“新华书店系统只能在行政区域内建立多种形式互惠互利的结算关系，但超出行政区域就不行了”，该公司相关负责人不无遗憾地表示。可见，图书产业链各环节实现信息资源的共享和联通尚待时日，行业内信息平台尚待建立。

出版物物流标准化的建设是一个系统工程，涉及出版物产业链各个环节以及相应的信息处理。为此，在制定与实施标准过程中，既要考虑到出版物产业链各个环节，还应整体考虑到流通的全局而不是局部、全国而不是各省市，从而使得全国的出版发行业遵从统一的物流标准，提高出版产业效益。[②]

3. 没有明确的发展战略

受《物流业调整和振兴规划》、《关于进一步推动新闻出版产业发展

① 庄玉辉. 我国图书出版行业物流现状浅析［J］. 中国出版，2010(4).
② 李敏. 我国现代出版物流的建设与发展［J］. 出版研讨，2009 (4).

的指导意见》等政策的促动，很多大中型出版物流中心提出异地建仓库、建中心、建全国性的中盘等扩张意图；在设备闲置、不能满负荷运转的情况下，又盲目地拓展出版业以外的第三方物流市场；如此等等，走一步看一步，没有明确的长远规划和企业发展战略，势必会影响到出版业的整体效益及其物流的可持续发展。

4. 物流管理水平整体偏低

各个出版物流中心均设有信息管理部门，负责信息采集和图书进销存动态信息管理。但没有与全部上下游联网共享进销存信息，尤其是与出版社还多靠 Internet 沟通。这种信息管理水平下的出版业的现代化物流不过是现代化储运，其物流设备设施与物流管理形成互不相干的“两张皮”，出版业物流管理水平整体偏低。

5. 缺乏投入产出意识

在物流中心的建设过程中，不切实际地盲目追求高标准、高度自动化和大规模，动则上亿元的投入，投入与产出、规模与自身管理水平等存在一定的差距。现代化的物流配送体系是图书批销、连锁核心竞争力的基础，但缺乏投入产出观念，将现代物流与建设现代化大仓库等同起来，在管理体制与管理水平没有跟上的前提下，寄希望于通过物流信息系统的建设来实现成本的降低和经济效益的提高，往往会顾此失彼。

另外，在物流中心建成后，免费送货，以成本中心运作而非利润中心运行，也是投入产出理念缺失的表现，如此很难促使该中心建立成本意识，调动其满负荷运行的积极性。建设现代的物流中心，解决了物流的“瓶颈”，但未必能真正提高总体经济效益。

第四章　现行出版业物流模式的供应链特征

供应链指的是从供应商到最终使用者的增值流程。形式上的供应链存在于各行各业，但只有实质性的、管理与运营良好的供应链才能真正达到“增值”与“共赢”。不幸的是，我国出版业供应链还停留在形式上，局部的或内部的物流效率提高了，但整体的物流费用水平仍然居高不下。

出版业物流是融合出版、仓储、物流配送和信息服务等的复合型服务产业。经过近十年的建设与发展，我国出版业物流能力大大提高，突破了出版业发展中的物流“瓶颈”，形成了多种多样的物流模式。但出版业的整体物流效率与效益有待提高，尤其是大型物流中心，在投入运营后，有待运用供应链管理与现代物流理念、技术与方法，研究如何更好地运行，真正发挥其平台功能和龙头作用。出版业物流模式，是在一定的社会经济环境下形成的固有的物流经营方式，随着环境的变化，也需要不断发展与创新。尤其是在物联网技术、信息技术、电子商务等快速发展的今天，应该用供应链思想对出版业物流进行可持续发展的战略思考。

一、供应链与供应链管理的基本概念

（一）供应链及其基本特征

供应链的概念有一个从企业内部到外部的演变过程。早期有学者认为供应链只作为企业内部的一个过程，对企业自身的经营利益负责，从这种观点出发提出供应链是企业内部原材料或零部件采购、生产、加工、销售过程的整合，最终目的是将产成品传递给消费者或零售商以获取利润。后期学者在研究供应链时愈加关注企业的外部环境和企业间的合作博弈。现在供应链的概念则重点关注以核心企业为中心构建的网链结构。

我国在 2001 年发布实施的《物流术语》国家标准（GB/T18354-2001）对供应链的定义是："在生产及流通过程中，涉及将产品或服务提供给最终用户活动的上游与下游企业所形成的网络结构。"我国学者马士华等[①] 认为："供应链是围绕核心企业，通过对信息流、物流、资金流的控制，从采购原材料开始，制成中间产品以及最终产品，最后由销售网络把产品送到消费者手中的将供应商、制造商、分销商、零售商直到最终用户连成一个整体的功能网链结构。"

可见，发展到现在的供应链，是一个涉及范围更广、对企业之间合作要求更高的一体化内外部结合的结构模式。从提供原材料的供应商开始，到中间加工制造、组装的不同企业，以至于最后分销、零售的批发商、零售商，所有的节点企业都包含在供应链中。一定程度上，

① 马士华，林勇，陈志祥. 供应链管理［M］. 北京：机械工业出版社，2000.

供应链更应该说是一条价值增值链，原材料在供应链上流动，经过加工、包装、运输等过程，最后实现增值，链中各节点企业都从中获得收益。供应链的基本结构如图 4–1 所示。

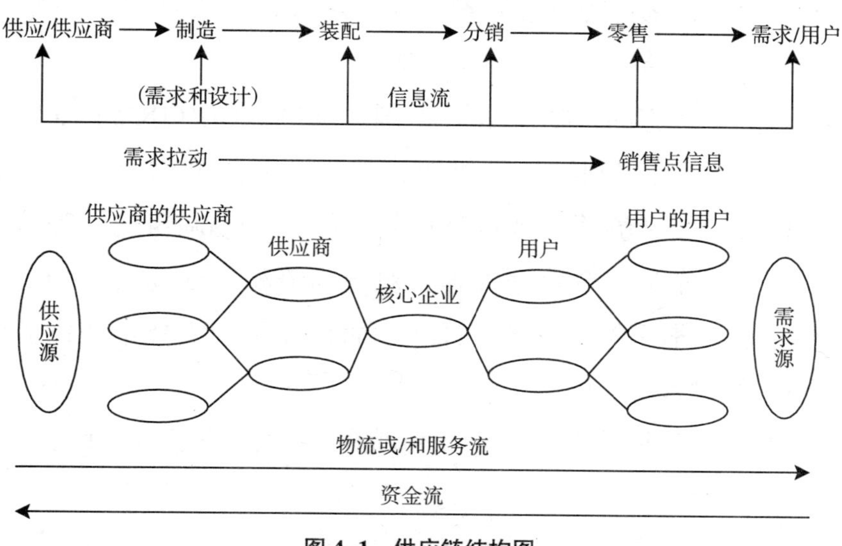

图 4–1　供应链结构图

（二）供应链管理

供应链的复杂性要求一种与之配套的可行的管理方法，使其能够高效有序地运行，进而为链中的节点企业带来更大的价值增值，由此，供应链管理理论应运而生。20 世纪 90 年代，供应链系统理论和供应链管理思想已成为商业界和学术界的研究热点。

美国经济学家伊文斯[①] 认为“供应链管理是通过反馈的信息流和反馈的物流及信息流，将供应商、制造商、分销商、零售商，直到最终用户连成一个整体的模式”。菲利浦[②] 指出：“供应链管理不是供应商管理的别称，而是一种新的管理策略，它把不同企业集成起来以增

① Stevens，Graham.Integrating the Supply Chain.International Journal of Physical Distribution and Material Management，1989（19）：5.

② 阎子刚，李亚军. 供应链管理［M］. 北京：机械工业出版社，2003：16.

加整个供应链的效率，注重企业之间的合作。”马士华等[①] 提出了供应链管理要素，主要包括：①物质与技术的管理要素，如计划与控制方法、活动流程结构、组织结构、信息沟通的基础设施结构、物流的基础设施结构等；②行为管理要素，如管理方式、权力分配与领导结构、风险承担与奖励结构、文化与态度等。

我国发布实施的《物流术语》国家标准（GB/T18354–2001）将供应链管理定义为：“利用计算机网络技术全面规划供应链的商流、物流、信息流、资金流等，并进行计划、组织、协调与控制等。”显然，供应链管理首先是一个管理过程，对与物流相关的商流、物流、信息流、资金流等进行全面的规划管理，而计算机网络技术是供应链管理的主要技术手段。

在供应链管理影响下，企业传统的经营活动发生了巨大的变化。如表 4–1 所示。

表 4–1　供应链管理与传统管理对企业经营活动的影响比较分析

企业经营活动	一般环境下	供应链管理环境下
经营理念	局部观念	系统观念
竞争观念	对抗	合作共赢
管理方式	静态相对封闭式管理	动态开放式管理
经营目标	个体最优、满足下游客户	整体最优、满足最终消费者
发展方向	多元化发展、纵向一体化	专业化发展、横向一体化
战略决策	独立决策、内部重构	协调决策、集成优化
风险、利润分配	独立承担风险、独享利润	共担风险、分享利润
信息管理	信息保密	信息共享
订立契约	短期合约	长期合约
库存管理	安全库存	追求零库存

供应链管理涉及四个方面的主要内容：

① 马士华，林勇，陈志祥. 供应链管理［M］. 北京：机械工业出版社，2000.

1. 信息沟通

在供应链管理思想中，信息能否快速准确地在各节点企业间传递，是衡量供应链构建是否成功的关键评测指标，对供应链整体运作效率的提升起到关键作用。各节点企业可以根据及时精确的信息做出正确决策，对企业外部环境的变化做出快速反应，对企业自身运行的不稳定性进行及时控制或降低。信息沟通或者说信息平台的搭建是供应链管理思想的核心和主线。理想情况下，无障碍的信息共享是供应链高效率运行的首要前提。

传统形式的供应链间的信息沟通比较简单，如图 4–2 所示。

随着科学技术的进步和全球化进程的加快，供应链管理更加注重企业的外部环境和企业间的合作联系，对资金流、物流、信息流的控制一直贯穿供应链的全部过程，其信息流流动模式如图 4–3 所示。

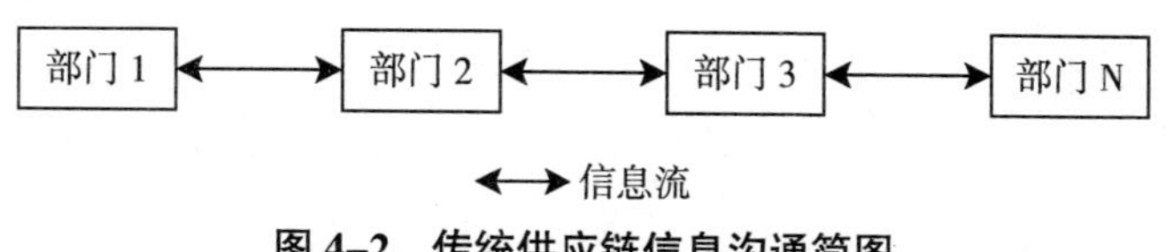

图 4–2　传统供应链信息沟通简图

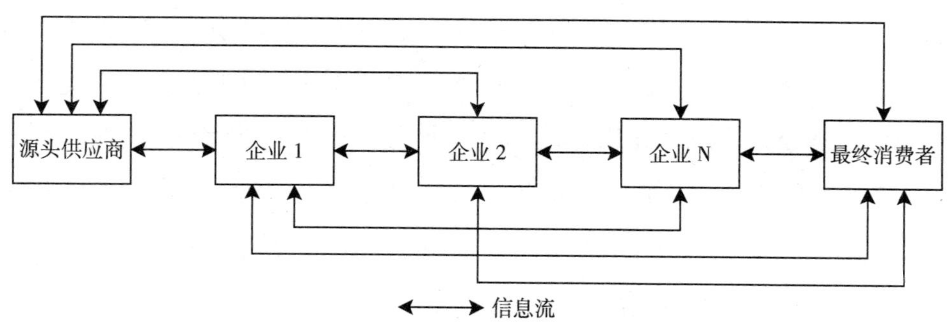

图 4–3　新环境下供应链信息流传输简图

2. 降低库存

库存过多与过少都有可能对企业的运营造成不利影响。或丧失销售机会，或提高库存成本和损失，影响企业资金流动。日本曾针对库存管理提出准时生产（Just In Tim，JIT）管理理念，提出零库存的目标，其最重要的一点就是以客户需求拉动生产，用信息取代库存。可以说，降低库存是供应链管理的基本目标，只是如前所述，库存的降低是以信息快速准确沟通为必要条件的。利用先进的信息技术，企业会及时掌握市场的需求动态变化，与供应链各节点企业及时进行沟通，达到降低库存的目标。

3. 成本控制

供应链管理的目标是以最低的成本实现最大化的效益。而要追求供应链整体的成本最低，就必须不断消除各节点企业中不能创造价值增值的作业，降低交易成本，增强整体链条的竞争优势，这也是供应链管理的精髓所在。

4. 关系管理

关系管理包括客户关系管理和链条内各节点企业间的关系管理。客户是企业必争的资源。满足客户需求是实施供应链管理的出发点和落脚点。只是现代的供应链管理理念更加注重企业间的合作关系，可以说现代企业间的关系已不再是简单的竞争关系，而是合作与竞争并存。各节点企业不仅可以和上下游企业合作，同一类型的企业也可能会找到互补的领域。通过构建供应链，加强链内企业间的合作，以实现信息共享、降低成本的目标，进而提升整条供应链的竞争优势，相应各个企业的利益也会增加。

二、出版业供应链及其基本形态、特征

出版业是各个出版单位、发行单位、印刷单位为生产传播出版物而进行的各种活动及其设施设备的总称。出版业供应链是由内容及传播载体供应、编辑加工、发行、仓储运输等环节组成的，向读者提供出版物的一条功能结构网链，[①] 如图 4–4 所示。

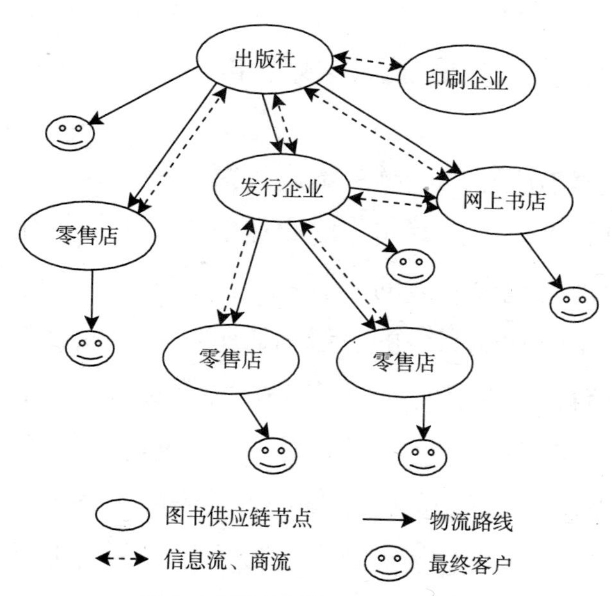

图 4–4　图书出版业供应链简图

出版业供应链起点是内容的提供者，以及印刷企业的供应商。内容的提供不涉及物流。而印刷厂的材料供应表现为一次性消耗，与出版物有很大的不同。为此，对出版业供应链的研究，多从印刷厂印制成品——出版物开始。围绕出版物的流动，出版业供应链节点包括印

① 刘益，梁娟. 出版行业供应链优化策略［J］. 科技与出版，2008（5）：56~59.

刷企业、出版企业、批发商和各种形态的零售商，以及其间提供仓储、运输、配送等第三方物流服务的物流企业。

依主导地位的不同，供应链可以分为三种类型：

(1) 核心企业型，整条供应链围绕一个在经济实力、产品特色等方面具备垄断地位的核心企业构筑，如德国的贝塔斯曼，该企业是整条供应链获得竞争优势的核心。

(2) 寡头垄断型，供应链中存在着两个或者两个以上的具备相当实力的节点企业，他们共同主导着整条供应链的运行。如日本的日贩和东贩。

(3) 均衡型，供应链中各节点企业实力相对比较均衡，供应链与供应链之间相互交错与融合，形成竞争与合作始终并存的动态网络体系。

国内的图书出版业供应链基本属于第三种形式。在出版体制改革的背景下，出版供应链内有实力的企业纷纷走上规模化、集团化的道路，一些区域内有规模实力的出版社、省级新华发行系统或纵向或横向兼并重组，组成功能完备的省级出版集团或者发行集团。在出版企业中存在着教育出版集团、中国出版集团等实力较强的出版企业，批发零售环节中也存在着北京发行集团、当当网等议价能力较强的企业，并且每一个企业都有可能同时参与几条供应链，整个书业链的形式错综复杂，加之企业间缺乏约束机制，没有统一的行业标准，呈现出非常不稳定的状态。

出版业的供应链特征主要体现在以下几个方面：

(1) 出版业供应链已经由传统的线性结构发展为网状结构。供应链中的出版企业、中盘的批发商、零售企业纷纷做大，各自向对方的领地渗透。诸如出版企业自办发行系统，最终消费者可以直接从出版社购书；中盘通过建立物流中心、信息中心等，加大了对零售环节的控制；零售企业则绕过发行企业直接从出版社进货等。这些发展变化无疑都加大了出版业供应链的复杂性。

（2）出版业供应链既有拉式供应链的特征，又有推式供应链的特征。出版社的选题策划、首版印刷与发行，多凭经验或市场需求预测，体现了推式供应链的特点。但当出版物再版或重印，则是根据市场反应进行的，具有拉式供应链的特点。

（3）出版业供应链不仅要满足经济效益的最大化，更要追求最优的社会效益。国家的“十二五”规划在推动文化大发展大繁荣，提升国家文化软实力部分指出要“坚持一手抓公益性文化事业、一手抓经营性文化产业，始终把社会效益放在首位，实现经济效益和社会效益的有机统一”。这为出版业供应链的管理和发展提出了更深层次的要求。

三、现行出版业物流系统组织模式与配送模式

出版业物流因经营主体不同、实际物流承担者不同、经营环境不同，存在多种物流模式，总结归纳如下。

（一）物流系统组织模式

在出版社自办发行为主导地位的发行模式下，出版社自办物流、各省（区、市）新华书店系统自办物流。自办物流仍是当前我国图书出版业物流的主要形式。[①] 按照物流系统的组织者与经营主体，存在三种组织模式，即出版商物流系统、批发商物流系统、零售商物流系统。

① 庄玉辉. 我国图书出版行业物流现状浅析［J］. 中国出版，2010(4).

1. 出版商物流系统模式

美国兰登书屋、英国麦克米伦出版公司、我国的高等教育出版社和电子工业出版社等均建有较为完善的出版商物流系统。只是我国大多数的出版社，虽然设有物流职能部门，自办物流，但也只限于收发、存储等基本职能。其货运多外包给规模较小的物流公司。

2. 批发商物流系统模式

典型的批发商物流系统有英格拉姆图书集团（In-gram Book Group）、东贩株式会社以及我国各省级新华书店。新华书店以省店和直辖市店为基础，从 2001 年开始实行连锁经营以来，多具备连锁经营、物流配送、电子商务等职能，其物流系统一般包括教材物流、中盘物流以及出版社的代储代运代发。

从某种程度上讲，新华书店物流系统兼有批发商与零售商双重性质。因为新华书店除了为长期的民营书店客户配送、执行批销职能外，主要是为其下属的门店、销售公司配送图书，执行连锁总部、物流配送中心职能，与美国巴诺连锁书店一样，属零售商物流系统。

3. 零售商物流系统模式

随着部分大型零售书店并入某个发行集团，以及许多独立实体书店、类似席殊书屋这样的民营连锁书店的纷纷停业，在零售环节，目前竞争最激烈的就是以新华书店系统为主的实体书店和以当当网为代表的网上书店。实体零售书店一般无须建立自己的物流系统。他们多以店面销售为主，送货、补货多由出版社或集团配送中心负责。网上书店一般在大城市建有物流中心或配送网点，有着自己独到的配送系统。也就是说，我国零售商物流系统主要存在两种模式，即新华系统的连锁书店物流配送模式和网上书店物流配送模式。

国外，在电子商务环境下的物流模式，据夏丽丽等[①]介绍，日本的纪伊国屋书店的物流模式主要是“连锁书店 + 物流联盟”。顾客通过 Book Web 网站选购图书，等待商家把图书送至最近的连锁店后，再亲临连锁店付款并取走图书。德国贝塔斯曼的物流模式是“图书俱乐部 + 物流外包”。在电子商务环境下，将团购所获得的图书通过物流外包的形式寄售给每个订书的图书俱乐部成员。美国的亚马逊书店物流模式是“网上书店 + 物流外包/物流自营”。起初的亚马逊书店将配送业务外包给第三方物流公司，现在则自建仓库和配送中心，自营物流。

在我国，出版社和小的零售商网上书店一般销量有限，送货方式多为邮政递送、快递公司专递。当当网、卓越—亚马逊、京东商城等大型网店主要做畅销书，与出版社、书商等供应商多一次包销和现金结算，除新华系统包销的图书外，主要从出版社直接进货。这些大型网店多自建配送中心，自营物流，并与第三方物流服务商密切合作，在全国大中城市内形成了网状物流系统，如图 4–5 所示。

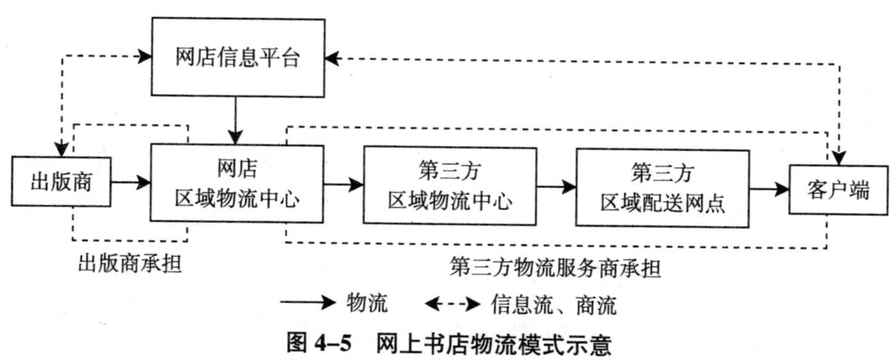

图 4–5　网上书店物流模式示意

综上所述，各物流系统并非完全自营，而多是采用“自营 + 外包物流配送”的模式，将部分或全部运输业务外包给第三方。

① 夏丽丽，任凤香，尹华灵等. 浅论国外图书物流发展模式对我国的启示［J］. 物流技术，2010（12）.

（二）配送模式

按照物流配送业务的实际承担者进行区分，存在三种主要的物流模式，即第一方物流、第二方物流和第三方物流。根据许晓东等[①]的定义，由物资提供者自己承担向物资需求者送货为第一方物流；由物资需求者自己解决所需物资的物流问题为第二方物流；第三方物流则是指由供方与需方以外的物流企业提供物流服务的业务模式。美国第三方物流在整个物流规模总量中的比例为57%，[②]日本的图书物流其运输业务90%外包。[③]

调查显示，我国北京地区近2/3的出版社实行第三方物流，1/3的出版社同时采用第一方物流和第三方物流模式，即自己承担本市范围内的物流业务，将外省市的物流业务外包。[④]新华书店系统，除浙江省新华书店集团下沙物流中心、江苏凤凰新华书店股份有限公司等少数几家将运输物流业务全部通过招标承包给第三方，采用第三方物流模式外，其他只将外省市的运输物流业务外包，在本省市范围内均采用第一方物流模式，通过自建的物流中心为下属的零售店送货。

我国网上书店的物流配送模式主要有第一方物流、第三方物流、邮局邮寄等。新华书店系统，由于自己建有庞大的图书物流网络，所以其网上书店多自己配送，少量通过邮局邮寄。全国性的民营网上书店，除卓越网自己配送外，大多采用第三方物流模式，在国内与快递公司联盟，在国外与DHL或UPS等全球知名物流公司合作。邮局邮寄是最初级的配送方式，但也是所有网上书店均在使用的一种图书物流配送方式。

---

① 许晓东，张显萍. 第三方物流运作［M］. 北京：经济管理出版社，2006.

② 吴梦娜. 现代物流管理的国际比较研究及对我国物流的启示［J］. 管理现代化，2011（5）.

③ 杨波. B2C网上书店图书物流配送模式研究［D］. 武汉理工大学，2009（12）.

④ 王海云，付海燕. 北京地区出版社物流现状调查与分析［J］. 北京印刷学院学报，2011，19（3）.

总之，我国中小型出版社多采用第三方物流模式，大型出版社和新华书店系统的物流中心多采用第一方与第三方物流相结合的模式，将外省市的运输业务交由第三方。出版集团内的出版社与其物流中心的合作模式，多为代储代运代发，是集团内的第三方物流。当当网等大型网上书店多采用第三方配送模式。

现行出版业物流系统组织模式与配送模式的总体状况概括见表4-2。

表 4-2 现行出版业物流系统组织模式与配送模式的总体状况

经营主体		物流组织模式	配送模式
出版商		自建发行或物流部门，自建或租用仓库，自营物流；少数集团下属出版社交由集团物流中心代储代运代发	多数：外包给第三方；少数：本地配送第一方，外地配送第三方
批发商		连锁经营；自建物流中心、仓库，自营物流	本地配送：第一方；外地配送：第三方；个别中心均外包给第三方
零售商	连锁书店 集团下属书店	连锁总部或集团物流中心组织	
	大型网上书店	自建物流中心、仓库；与第三方物流服务商合作	第三方

四、现行出版业物流模式的供应链特征

供应链管理从供应链整体出发，管理上游供应商和下游客户，以更低的成本传递给客户更多的价值。[①] 供应链管理思想是物流管理的扩展，是实现高效率、低成本物流的重要指导思想。为此，要想提高出版业的物流管理水平，有必要从供应链角度对现行物流模式进行分析。其主要特征如下：

---

① ［英］马丁·克里斯托弗. 物流与供应链管理［M］. 何明珂，等译. 3 版. 北京：电子工业出版社，2009.

（一）形式上的而非实质性的供应链

日本中盘商依靠先进的计算机水平使自己成为行业巨人，为整个行业建立信息平台提供了基础；美国从出版到中盘再到零售各环节都存在着强势企业。Amazon 凭借先进的电子商务平台以及强大的物流配送系统，使库存始终保持在一个较低的水平。①

从上述我国现行出版物流模式分析可以看出，自营物流是主要的物流组织模式，大中型物流企业的重要性和主体地位却没有得以体现。没有核心企业，没有真正的信息平台，距离实现供应链整体价值最大化的供应链管理目标相差甚远。为此，严格地讲，我国现行出版业的供应链，只是一条产业链或形式上的供应链，还没有形成实质性的供应链。

当然，也可以认为，我国的图书出版业供应链，表现为各节点企业实力均衡的均衡型基本形态。但如果每个节点都是物流经营主体，且以自身利益为重，管理活动局限于企业内部，与外界大多停留在供货、收款的层面上，又何谈整体效率与效益。为此，出版产业链欲形成商流、物流、信息流和资金流相结合的一体化供应链，还有很长的路要走。

（二）集中式的内部供应链

我国以新华书店系统模式、网上书店系统模式为代表的出版业物流模式，带有明显的集中式的内部供应链特征。每个系统都很先进、完善，甚至物流、商流、资金流、信息流“四流合一”，但只限于系统内部。其物流中心多为成本中心，以满足本企业内部物流需要为主。各物流中心都设定有“集散”功能，但“集”的过程，是由供应商完成的。也就是说，在这种封闭的内部供应链模式下，尽管出版社将一

---

① 程肖芬. 我国图书出版业供应链管理研究［J］. 编辑之友，2009（8）.

定比例的图书交由新华批销中心这样的出版发行公司销售，但从出版社到批销中心的物流多由出版社自行解决。

供应链管理思想下的物流是一项大的系统工程，各节点企业需要密切合作，在更广泛的范围内进行资源配置，从而使物流流程更加优化、整体物流效率大幅提高、成本大幅下降。只限于内部的供应链，将无法达到这样的效果。

（三）顺序式的纵向一体化供应链

纵向一体化通常意味着拥有上游供应商和下游客户的所有权。我国近几年组建的出版集团多为供产销一体化的大而全组织。尽管有些出版集团只是形式上的“集”，但多数还是有所整合，其物流中心多负责集团旗下出版社图书的储运、收发、退货等工作，表现为顺序式的纵向一体化供应链，如图 4-6 所示。

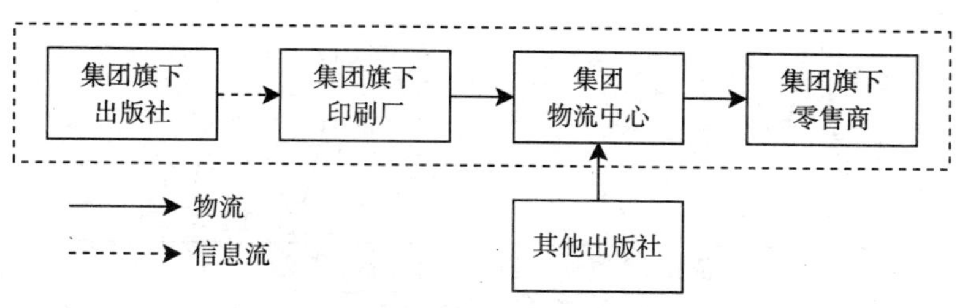

图 4-6　顺序式纵向一体化供应链示意

五、现行出版业供应链的“牛鞭效应”问题

（一）“牛鞭效应”问题的提出

1995 年，宝洁公司（P&G）管理人员在考察婴儿一次性纸尿裤订

单的分布规律时发现，一定地区的婴儿对该产品的消费比较稳定，零售商那里销售量的波动也不大，但厂家从经销商那里得到的订货量却出现大幅度波动，同一时期厂家向原材料供应商的订货量波动幅度更大。这一现象与我们在挥动鞭子时手腕稍稍用力摆动，鞭梢就会出现大幅度摆动的现象相类似，研究人员把它形象地称为“牛鞭效应”。

“牛鞭效应”指的是来自供应链下游的供应商的订货量的波动程度（方差）沿着供应链向上逐级失真、扭曲放大，最终导致供应链最上游的供应商所获的订货量的波动程度远远大于最下游的顾客的实际需求量的波动程度的现象，如图 4–7 所示。当前世界供应链理论研究中，“牛鞭效应”因其造成的巨大的负面效应受到广泛关注。

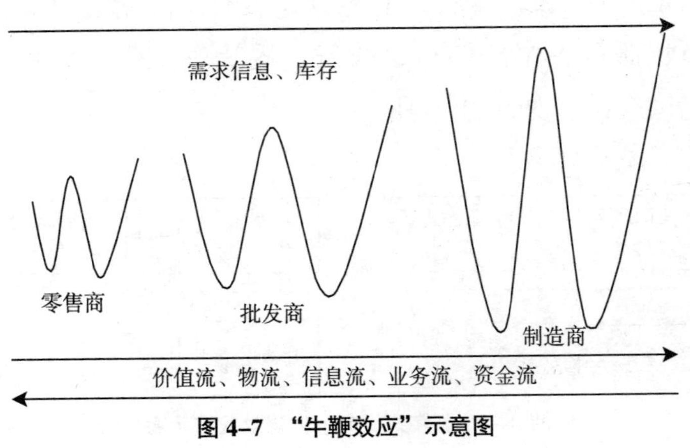

图 4–7　“牛鞭效应”示意图

受图书市场竞争的不断加剧以及近几年来实体书店经营持续低迷的影响，“牛鞭效应”已经成为图书供应链中最核心的问题之一。正如历经书海沉浮且深受“牛鞭效应”之累的、有着“中国民营书业第一人”之称的席殊先生所说，图书出版业供应链中的“牛鞭效应”现象比任何其他行业都要严重。①

“牛鞭效应”会导致在供应链逆流向上的订单是客户端需求的几倍

① 《中国出版年鉴》编辑委员会. 中国出版年鉴［M］. 北京：中国年鉴出版社，2003.

甚至几十倍，企业库存增多，产品积压，生产能力过剩，退货率上升，资金流、信息流、物流不畅，进而导致客户服务质量下降，甚至有可能引发供应链崩溃。可见，“牛鞭效应”对我国图书出版业供应链的危害。

表 4–3 为近三年我国新华书店系统、出版社自办发行单位出版物销售情况。不难看出，最近三年全国新华书店系统、出版社自办发行单位年末库存与纯销售额比都在 1.10 以上。纯销售额代表的是新华书店系统、出版社自办发行单位去除政治读物等政策扶助部分的销售额，代表这些单位在市场竞争环境下的生存经营能力。年末库存是其每年所能实现的销售额的一倍以上，势必要严重影响其资金周转，为其日常经营带来极大的压力。

表 4–3　近三年我国新华书店系统、出版社自办发行单位出版物销售情况

指标	2008 年	2009 年	2010 年
总销售额（亿元）	1456.39	1556.95	1754.16
纯销售额（亿元）	539.65	580.99	599.88
年末库存（亿元）	672.78	658.21	737.80
年末库存与销售额比（%）	0.46	0.42	0.42
年末库存与纯销售额比（%）	1.25	1.13	1.23

资料来源：2010 年全国出版物发行基本情况，开卷公司，www.openbook.com.cn.

（二）“牛鞭效应”在图书供应链中的产生原因

“牛鞭效应”是我国图书出版业供应链中一系列顽疾的集中体现，其产生的主要原因有二：

1. 供应链错综复杂、稳定性差

“牛鞭效应”多源于需求信息滞后、失真。而导致出版业需求信息滞后、失真的罪魁祸首之一是我国图书出版业供应链错综复杂、稳定性差。

我国图书供应链交叉纵横、错综复杂，且各节点企业多出于自身利益的考虑和市场竞争的需要，没有形成统一的协调、约束机制，企业可以很容易在不同的链中迁移，供应链稳定性较差。[①] 为此，读者的需求信息很难得到及时的反馈，且很多信息在经过零售店、中盘到出版社时已经失真。另外，由于多条供应链并行交叉，出版单位难以建立起反映全过程物流信息的系统，[②] 在缺少针对读者需求的具体数据情况下，只能主要凭经验判断和下游的订单来组织出版。

但是，多条供应链并行交叉的复杂网状结构，每个企业都会同时参与几条不同的供应链，从多个渠道反馈的需求信息不免重叠，再加上企业往往都会准备一定量的安全库存以避免缺货损失，这样需求信息到达最上游的出版社时早已像滚雪球一样积累放大。图书出版业供应链结构越复杂，链条越长，“牛鞭效应”越明显。特别是当某种图书出版短暂的供不应求时，分销商为保证自身的利益，降低缺货损失，往往会加大订单量，需求信息放大的现象会层层累积，“牛鞭效应”的不良后果极为明显。

2. 库存风险失衡

库存风险失衡会加大“牛鞭效应”，“寄销制”是重要元凶。

寄销制，即出版社先发货到分销商，销售半年或一年后，再陆续结款，没卖出的图书做退货处理。其间，图书的发货运输费用、滞销、退货损失几乎都由图书的供应商——出版社承担，明显的库存风险失衡。

由于不承担库存积压风险，作为中下游节点的批发商、销售商也就没有库存风险意识。为满足读者的需求波动和市场的不时之需，降低订货频率和规避断货风险，分销商往往倾向于加大订货量以掌握主动权，无形中加大了“牛鞭效应”。而当市场突然发生变化或需求降温，供应链各节点企业就会取消订单或要求退货，“牛鞭效应”就会更加严重。

---

①② 尹章池，田道全. 书业物流进入供应链管理阶段的路径选择［J］. 出版科学，2008（3）：66~68.

第五章　出版业供应链模式优化

一、出版业供应链模式优化的必要性

如前所述，我国近十年出版产业从出版商到批发商、零售商都在建设各自的物流中心，且投资大，功能完善。物流中心局部效率上去了，但物流的成本费用仍然居高不下，不仅大大落后于发达国家水平，而且落后于我国社会物流平均水平。究其原因，主要有以下两点：

一是以前的物流费用高，与设备落后、效率低下、人工成本高有关，但大笔的投资之后，意味着折旧费用大幅度提高。1 亿元的物流设施投资，按平均 20 年的折旧年限计算，每年折旧费用就是 500 万元，如果配送收费每包件 20 元，每包件平均 1000 码洋，那么，仅为弥补折旧，就需要配送 25 万件计 2.5 亿码洋，而出版物流中心的实际投资多在 2 亿元以上。当然，如果有足够的物流配送业务量加以保障，弥补固定费用不成问题。关键是我国各省新华书店基本都投资筹建了较大规模的物流中心，许多出版社同样自营仓储运输业务，或将仓储运输业务交由社会上的配送企业。于是，这一业务量被众多大大小小的从事出版业物流的企业或中心所分食。结果显而易见，即出版业物流方面的投资规模上去了，物流业务的经济规模却难以跟进，成本费用居高不下。

二是如果用供应链概念加以考量，如前所述，我国出版业尚未形成实质性的供应链，形式上的各节点企业以及各个封闭的内部供应链多以自身利益为目标，缺乏合作和统一的协调机制，或丧失销售机会，或承担大量库存与退货，无法保证整个供应链的低成本、高效率运行。必须认识到供应链的概念不只是“物流”的简单扩展。物流管理主要涉及企业内部的最优化，而供应链管理则认为实现内部一体化是远远不够的。世界发达国家出版物流企业呈现新的特点之一是出版物流企业的结盟。以便在没有大量资金投入的前提下，扩大为客户服务的地理覆盖面，实现低成本、高质量的运作。①

然而，受《振兴规划》、《指导意见》等政策的促动，很多大中型出版物流企业表达了异地建仓库、建中心、建全国性的中盘等扩张意图。在设备闲置、不能满负荷运转的情况下，又盲目地拓展出版业以外的第三方物流市场。扩张与开展第三方物流本身无可非议，只是我国地域辽阔，覆盖全国的物流中心建设定位不可取；众多的出版物流企业都要建全国性的中盘亦不可取，而且，众多的中盘将失去中盘的意义，也必将起不到中盘的作用。

日本书业呈现出版商多、零售商多、批发商极少的特点。仅东贩、日贩两家公司就占据了日本出版物市场70%左右的份额，处于绝对垄断地位，且提供一站式的全面多样化的服务，不仅使出版物的交易成本大大降低，也保证了信息流、资金流、物流的畅通无阻，是真正意

---

① 李敏. 我国现代出版物流的建设与发展［J］. 出版与印刷，2009（4）.

义上的“中盘”。相比之下，目前我国的省级新华书店只是区域性的分销商，距离中盘商还相差甚远。

另外，近几年数字出版发展迅速，加上按需印刷、异地印刷等新的技术与方法的运用，终究会导致纸质图书出版及其跨区域运输需求下降。

也就是说，无论是现在还是将来，我国均衡型、各自为战的形式上的供应链，如果仍然各自为战的发展下去，物流费用水平仍会居高不下，大中型的物流中心投资回收将会延期，业内期待的真正意义上的“中盘”难以形成。

超出一定的配送半径范围是不经济的，但基于我国目前出版物流中心建设的实际情况，多个省市发行集团都要在异地建物流中心、仓库，显然是重复投资与浪费。为此，出版业要想在提高物流效率的同时，降低物流成本，完成“十二五”的规划目标，优化图书出版业供应链势在必行。

二、出版业联合库存管理模式

联合库存管理是在供应商管理库存（Vendor Managed Inventor, VMI）的基础上发展起来的上游企业和下游企业共担风险、共享信息、权责平衡的共同管理库存的模式。联合库存管理强调供应链中各个节点企业共同参与，共同制订库存计划，供应链中每个库存管理者在制订库存计划时不仅要考虑外部需求因素，还要考虑相互之间的协调性，使供应链内每个节点企业的库存管理者保持对需求预期的协调一致，消除需求信息扭曲放大现象。

英格拉姆作为世界最大的美国图书批发商，有一项“快速计划”（Express Program）服务，出版社提供 10 种或更多的书，就可列入英格拉姆数据库名单，英格拉姆的4家超级库房便储备这家出版社的这些书，独立书店、连锁书店、图书馆、学校等客户订购这家出版社的书时，由英格拉姆的库房直接发货。同时，英格拉姆与零售书店之间建有即时服务系统（Time Service），书店顾客购买图书，如果店内无货，可随时查询英格拉姆的数据库，确认订货以后，24小时之内，就可将货发到书店。书店将英格拉姆的库房作为后盾，只须持有少量存货，就可满足店面销售。英格拉姆的上述运作方式，可谓联合库存管理的典范。

显然，实施联合库存管理对提高物流效率、降低物流成本，解决我国图书出版业供应链的"牛鞭效应"难题有很好的借鉴作用。

（一）联合库存管理模式构建

近十年，我国图书发行业经历了新华书店的连锁、民营书店的沉浮、大型物流中心的兴建以及网络书店的崛起等外部环境形势的变迁和内部组织结构的变革，尤其是各省大型图书发行集团的组建及其现代图书物流中心的投资建设，为我国图书出版业供应链引入联合库存管理模式提供了物质基础。

我们知道，如图4-4所示的我国传统图书出版业供应链，存在着整体效率、效益低下，需求信息在多层次供应链内向上游传输过程中产生逐级放大扭曲的"牛鞭效应"。如果出版企业、发行企业以及网上书店实施如图5-1所示的联合库存管理，将会使图书供应链得到局部优化。

联合库存节点实际上是一个储存、配送中心，是一个信息平台、一个区域性的中盘。可以利用出版社或发行商或网上书店的已建设物流中心的物流与信息系统。实力较弱或尚不具备物流配送能力的出版社、网上书店，完全可以与当地的新华发行集团合作，利用其大型出版物流中心及其信息系统。如果各方均建有物流中心，可考虑按图书

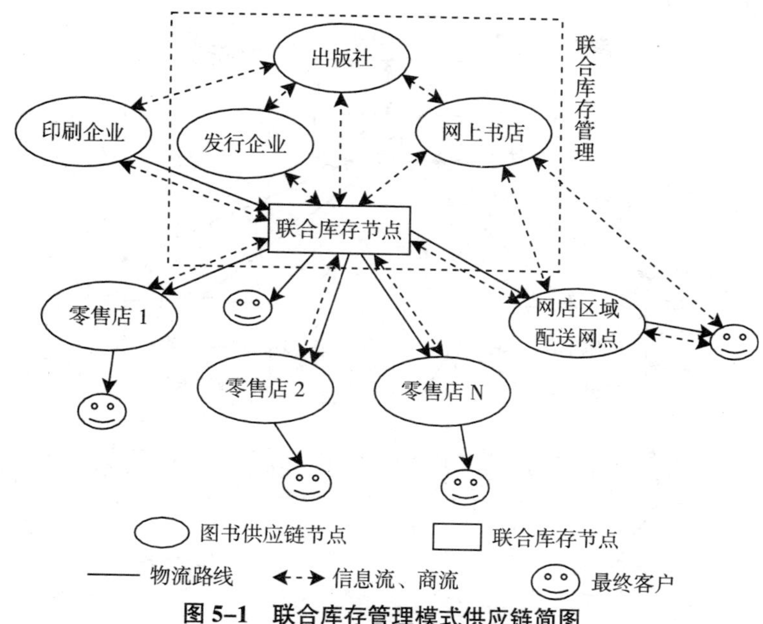

图 5-1　联合库存管理模式供应链简图

大类，分工协作，如教材教辅主要由出版社直接配送；畅销书主要通过网上书店的物流系统；一般大众图书则以批发商物流系统为依托。总之，联合库存节点的设立，完全可以根据实际情况，充分利用现有设备设施，如果各方都没有条件，也可以出版商、批发商合建或与网上书店三方合建，或外包给第三方物流企业。

联合库存管理的相应职能可以委托给供应链中能够提供高质量的物流与信息服务的一方或第三方，受托方应作为区域性的中盘独立运营，负责整条供应链库存的掌控、相关物流服务的提供，以及供销存信息的传输和市场信息的收集整理，为该条供应链上下游企业提供专业的服务。

考虑到出版社的图书销售范围并非仅限于其所在的省市，而各省市又都存在如新华发行集团那样较有实力的区域发行中盘或物流中心，出版社可与之合作，设立联合库存管理点。图 5-2 和 5-3 分别展示了出版社与多个异地区域中盘建立联合库存管理模式下，实体书店供应链的信息流与物流情况。

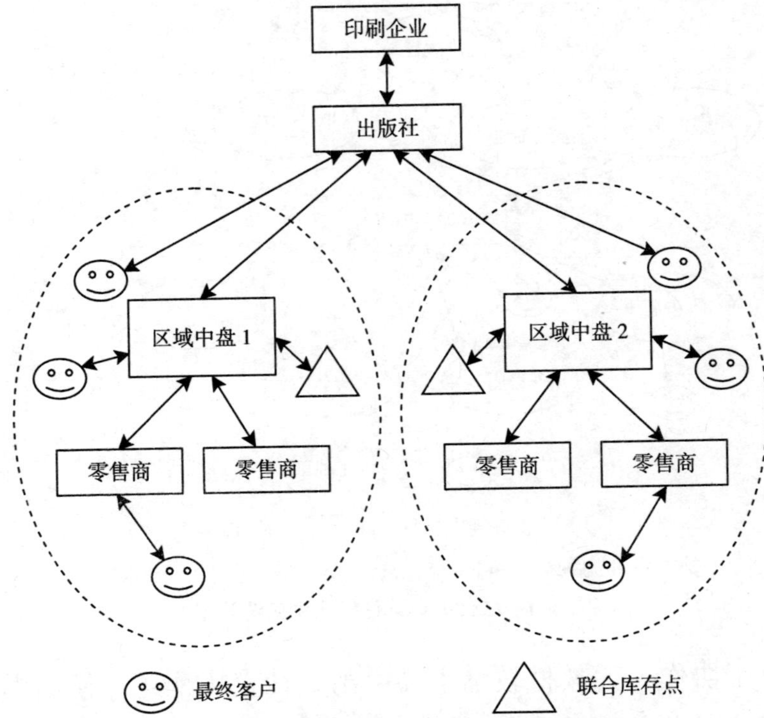

图 5-2 异地区域联合库存实体书店供应链信息传输简图

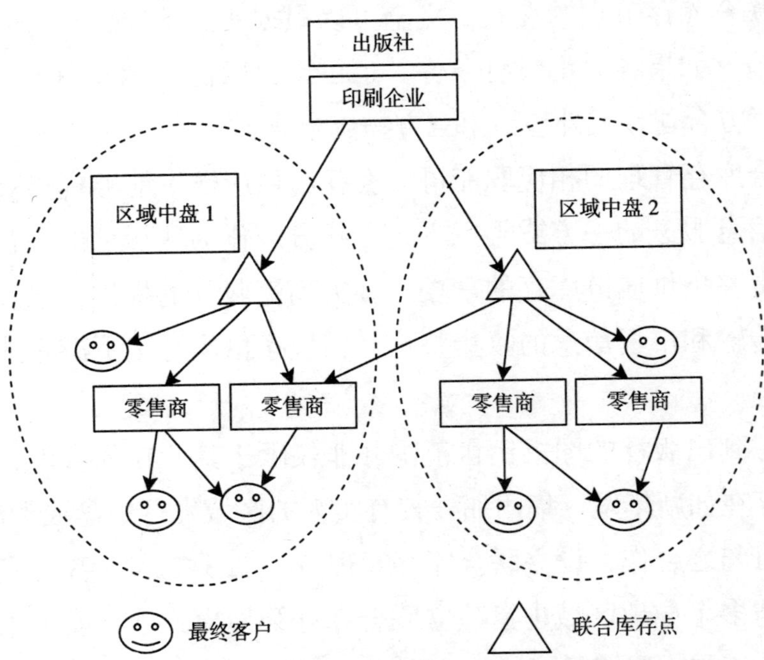

图 5-3 异地区域联合库存实体书店供应链物流简图

如图 5–2 和图 5–3 所示，出版社与异地区域中盘建立联合库存，将依托该地区域中盘的存储物流及信息系统，即联合库存点交由区域中盘管理，出版社与区域中盘只做信息沟通及其相应的商流、资金流，不再经手图书物流方面的业务。另外，某一区域的图书如果出现短缺，可通过信息平台交流，就近调配，提高补货效率，同时减少不必要库存。

网上书店是电子商务发展到一定程度后的必然产物。近几年，网上书店的图书销售增长之快，令出版社及实体书店不可小视。网上书店通过网上订单系统享有大量的读者信息，降低了一般图书需求的不可预测性，退货率低。但毕竟是根据预测进货，因缺货丧失销售机会在所难免。图 5–4 为针对网上书店图书供应链构建的联合库存模式。

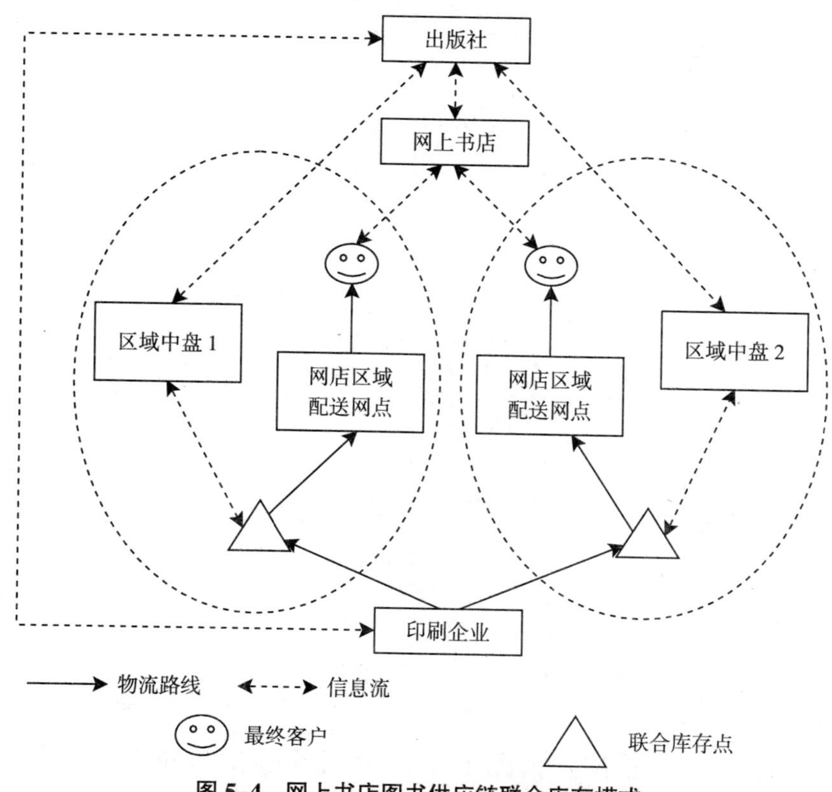

图 5–4　网上书店图书供应链联合库存模式

网上书店不受地域限制，但也不必在各地建配送中心。日本最大的网上书商纪伊国屋书店倡导发行商和出版商共同出资建立了配送中心，并自建图书配送体系，帮助配送中心高效运行。我国出版社与各地区域中盘建立联合库存点后，网上书店可以此为依托，通过联合库存点送货至网店区域配送网点，并通过网上书店特有的配送系统送至最终读者手中。网上订单系统与供应链联合库存节点的存货系统相连，可享有较大的联合库存点的实际库存，并可获得就近配送的好处。

建立联合库存管理模式，需要供应链内的节点企业明确各自的资源优势和经营方式，合理定位，建立完善的沟通平台和合作机制。具体步骤如图 5-5 所示。

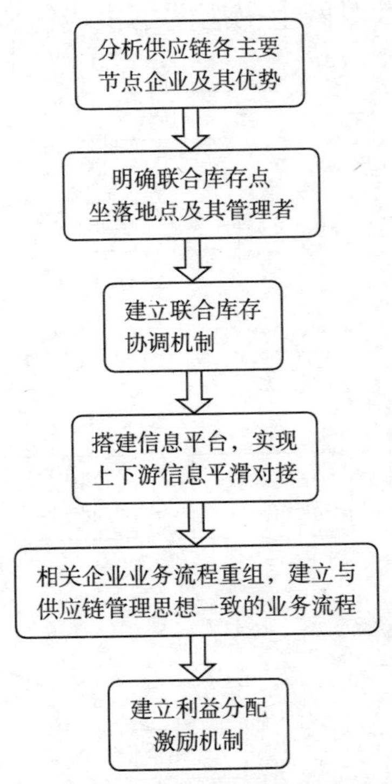

图 5-5 联合库存管理模式实施步骤

前已述及，出版社要将图书销往全国各地及国外，可能要加入若干条供应链。尽管我国的图书供应链总体上表现为均衡型，但就某一条供应链来看，还是存在某一方面实力相对强大的节点企业，有待于出版发行企业深入挖掘、充分利用，以求供应链的进一步优化。

（二）北京地区出版业联合库存管理模式构建浅见

众所周知，我国出版社580多家，北京地区占了近半数。在物流方面，由于历史原因，多数大中型的出版社自营物流。只是除高等教育、电子工业等少数几家建有规模较大的现代化的物流中心外，其他多是自建或租用仓库，本市范围的配送业务自营或交由第三方，物流外包局限在运输、仓储、配送等单一物流环节。

出版社对物流公司的选择，主要依据各物流公司的报价和到货是否及时、货物是否完好、丢失破损赔偿标准是否合理等服务质量。为此，多数出版社没有租赁大型出版发行物流中心的库房，承担出版社货运的多为以图书配送为主，集铁路运输、公路运输、仓储、二次包装等服务于一体的社会上的小公司。由于缺乏完善的信息服务，往往出版社将图书发给谁、发多少是清楚的，但不清楚销售、存货等实时数据，导致无法合理调配，直到退货。

北京地区物流资源丰富。2009年，北京市有限额以上专业物流企业789家，其中大型企业23家，中型企业76家，小型企业690家。[①]北京市发改委统计数据显示，截至2010年底，顺义空港、通州马驹桥、平谷马坊、房山良乡四大物流基地入驻各类专业物流企业400余家。2011年，本市物流基地物流业务快速增长。顺义空港、通州马驹桥、大兴京南和平谷马坊四大物流基地，实现营业收入599.6亿元，同比增长30.1%。坐落于大兴的京南物流基地是北京唯一具有公路转铁路运输的综合物流基地，近些年在电子商务领域的发展非常突出。

大型出版发行企业非北京发行集团莫属。该集团在北京市通州区

① 中国物流与采购联合会. 中国物流年鉴［M］. 北京：中国物流出版社，2010.

台湖建有目前国内规模最大的出版物集散中心，并组建了北发图书网，正式涉足 B2B、B2C 的电子商务模式，在信息采集、信息服务、分拣、仓储、运输、商务、发行和零售业务衔接等方面更具优势。既有发行中盘的功能，又有实体渠道零售的功能。

出版社之所以少与发行集团物流方面合作，主要基于以下原因：一是其物流中心只是作为中心的一个储运部门，主要为集团内部服务，没有很好地挖掘上游业内物流需求；二是信息衔接不顺畅。发行集团的信息系统很先进，在采购总部可以清晰地看到各零售店的销售情况。但是在与出版社信息衔接方面，仍存在一定的“信息孤岛”问题，出版社和发行集团无法做到信息快速、准确沟通，出版社不能第一时间拿到图书销售反馈，有的时候还要靠北发图书网上公布的畅销书排行榜来了解自己产品的销售数据。

基于上述物流需求与资源利用情况，北京地区的出版社可以做以下考虑：

超出一定公路运输半径范围的外地物流业务，可与京南物流基地内的较有实力的专业物流企业合作，建立联合库存，充分利用其公路—铁路运输的综合物流服务；本市物流业务则可考虑利用台湖物流中心的仓库，建立联合库存点，将仓储业务以及印刷厂至仓库、仓库至零售店的所有物流业务交由物流中心，实现物流业务由出版环节向发行环节的转移，并以此解决信息孤岛问题，提高物流效率和信息的有效沟通。实行联合库存管理对供应链的优化如图 5–6、图 5–7 所示。可见供应链长度明显缩短。

而对于北京发行集团物流中心，联合库存管理模式的确立，可使其承接出版社的物流及相关信息服务，将“集”与“散”的过程均承担起来，真正实现其集散中心的功能定位，并在中心物流资源得以充分利用的同时，促使北京发行集团物流中心向“物流企业”迈出重要一步，扩大出版物流的市场占有率，力争成为业内供应链的核心企业。

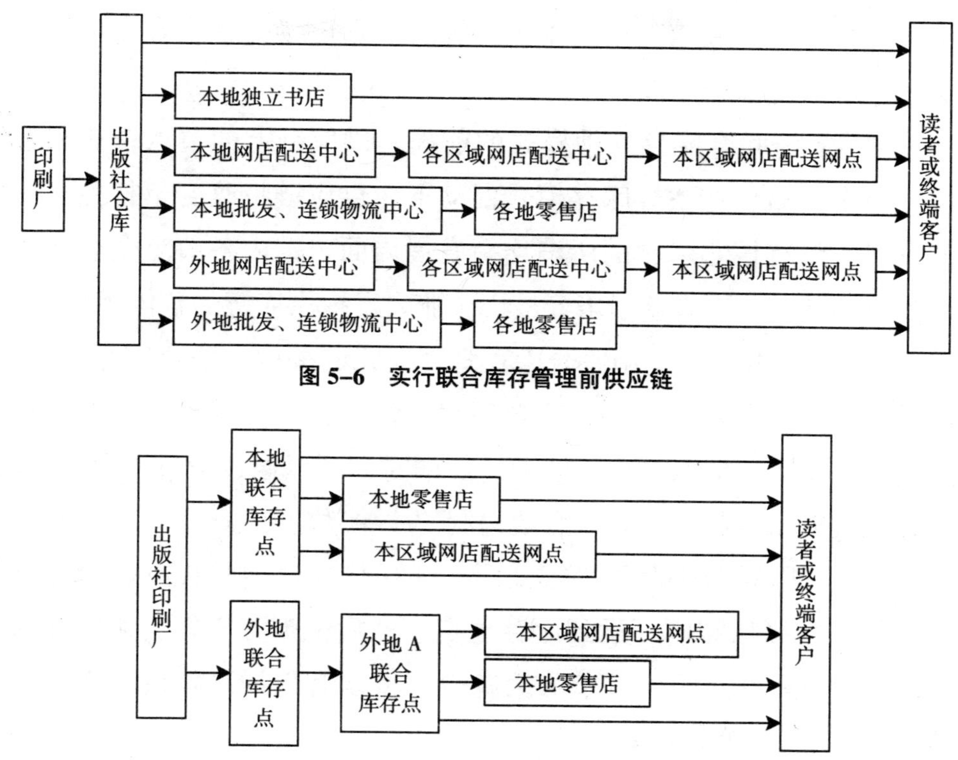

图 5-6　实行联合库存管理前供应链

图 5-7　实行联合库存管理后供应链

（三）实施联合库存管理模式的好处

实施联合库存管理模式，图书出版供应链将得到一定程度的优化，具体好处主要有以下几点：

（1）供应链内各节点企业实现优势互补，资源充分利用。出版社的核心竞争优势在于其对图书资源、作者资源、编辑资源和出版资质资源的掌握。发行集团在零售网络、物流管理等方面更为专业。建有大型现代化物流中心的发行集团，其物流资源优势更是毋庸置疑。以联合库存点建在某新华发行集团的物流中心为例，实施联合库存管理模式后，出版社既可以一定程度上剥离物流业务，专注于内容生产，又不失去对库存与需求信息的控制；作为联合库存管理者的大型出版物流中心，可使物流设施得到充分利用，形成规模经济和范围经济，使之成为某一区域的真正的中盘；零售商则可以共享联合库存的实际库存，得到及时的补货。

(2) 实施联合库存管理模式的前提是供应链上的节点企业相互信任、合作共赢。在联合库存模式促动下，供应链将改变单打独斗、各自发展、没有核心引领的所谓均衡发展局面，链内各节点企业之间合作会更加紧密，更有益于培养核心企业，发挥供应链的整体优势。

(3) 信息共享是实施联合库存管理模式的关键。联合库存的建立，使供应链内各节点企业围绕联合库存的供、销、存基本信息，实现信息共享，避免“信息孤岛”的发生。同时，可以通过信息平台，及时、准确地反馈市场需求信息，有效遏制“牛鞭效应”。

(4) 采用联合库存管理模式后，一条供应链内只设立一个库存节点，图书直接从印刷厂运到库存地点，然后依据各零售门店的需求信息统一安排配送，运输环节大大减少，可以有效提高物流效率，降低整体库存及其物流成本。

(5) 有效降低退货率。采用联合库存管理模式后，出版社对市场需求信息的把握更加准确，补货、调货更加方便快捷，可以有效降低退货率，同时，还可以简化和缩短退货流程，进一步降低物流成本。如图 5-8、图 5-9 所示。

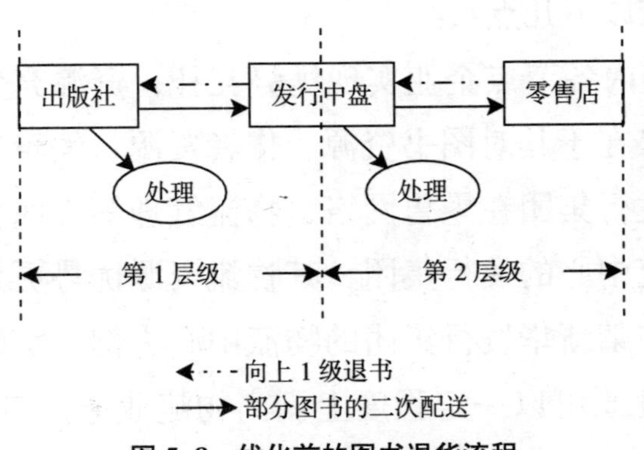

图 5-8　优化前的图书退货流程

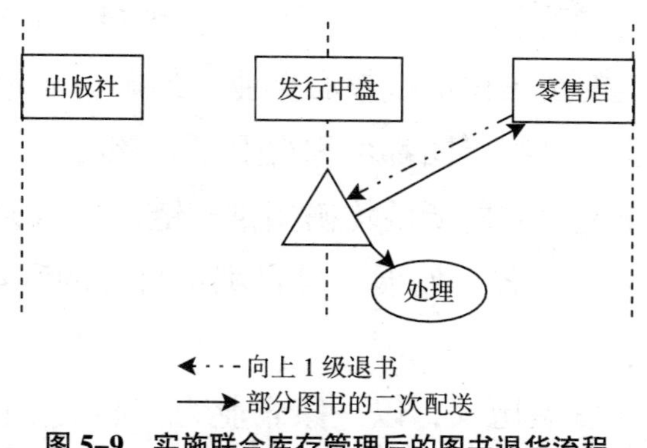

图 5–9　实施联合库存管理后的图书退货流程

当发生图书退货时，被退回的图书回流到联合库存点就截止，如果出现已被退货的图书二次利用的情况，图书可以及时被配送；如果没有二次利用机会，图书存货可就地处置，无须运回出版社。

总之，联合库存管理模式对图书出版供应链的优化主要体现在，可使一定区域范围内节点企业优势互补，资源充分利用，在信息共享方面找到切入点，降低整体库存及其物流成本，有效提高物流效率。

三、互惠式供应链物流模式构建

（一）供应链模式下大型物流企业的核心地位

我国图书供应链核心企业经历了这样的变更过程：20 世纪 50~80 年代中期，以新华书店系统为核心；80 年代中期至 90 年代末，为克服图书发行与物流的“瓶颈”，出版社、批发商以及民营书商各自发展，自营物流，以致核心企业缺失；90 年代末至今，出版业围绕“连锁经营”、“集团化”、“中盘”等规划，进行大型物流中心的建设与体制改革，对供应链强势企业的形成起到了巨大的推动作用，以致核心企业几乎遍布各省、直辖市。调查显示，多个省市的新华发行集团都自认为自己是该地的图书供应链核心企业。的确，无论是从物流资源，还是实体发行渠道，这些集团都可称得上是“核心”、“区域中盘”。问题是，没有核心企业引领的所谓均衡型供应链，必定会造成效率低下。然而，核心企业太多，各自发展，各自维护自己的利益，又会导致地方割据、恶性竞争。

纵观全球产业发展历程，以一家企业为核心或由两家企业合作所构建的供应链，往往具有较高的运行效率。在图书出版发行业中，虽然没有制造业被奉为经典的供应链构造模型，但也不乏围绕强势企业构建供应链的范例，德国、日本以及美国都有强大的中盘引领。德国大约有十多家批发商，但排在前六位的批发商占了整个市场份额的80%，而前两名的营业额则是第三名的5倍。KNV、利布里（Libri）、Umbreit等都属于世界顶级的图书批发公司。日本的图书流通基本靠中盘来实现，中盘可以说是日本出版流通体系的基础，而占全部图书分销业务70%的东贩和日贩又是中盘的支柱。美国图书行业的分销领域正逐步形成以贝克·泰勒和英格拉姆两大分销商为主的垄断格局。其中，英格拉姆与3000多家出版社建立业务关系，并服务美国85%的零售书店客户，年营业额20多亿美元，占美国图书批发市场营业额的55%。相比之下，我国图书出版业，经过近十年的建设与发展，各省、直辖市均有以新华书店系统为首的大型物流中心，已形成各具核心企业的多条供应链，且各自运行，链与链之间资源较少共享，甚至在大型中盘建设思想的推动下，都想异地投资、扩大地盘，显然有悖于资源的有效利用和真正大型中盘的形成。面对实际的发展现状，考虑物流资源的充分利用及今后的可持续发展，在此，提出以大型出版物流中心为核心企业的互惠式供应链物流模式的构建。

（二）互惠式供应链理论基础

互惠式供应链主要基于信息共享组织模式、信息共享站概念、联合库存管理模式和战略联盟思想。

库玛尔·迪塞尔① 将供应链成员间信息共享系统组织模式分为三种类型：集中式相互依赖型、顺序式相互依赖型和互惠式相互依赖型。其中，互惠式相互依赖型如图 5-10 所示。

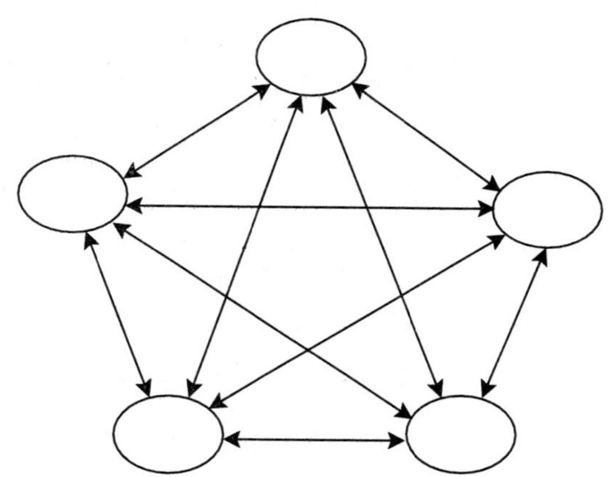

图 5-10　互惠式相互依赖型信息共享系统组织模式

信息共享站是最近几年日本的物流中心发展出来的概念。就是全国的出版社、书店和物流公司携手构建出版物供应链管理体系，以物流中心为数据传输节点和中转核心，相互之间信息实时共享，共同做好出版物流通工作。②

联合库存管理是为了规避传统库存控制中的"牛鞭效应"，在供应商管理库存的基础上发展起来的上游企业和下游企业共担风险、共享信息、权责平衡的共同管理库存的模式。基于出版业物流，夏雨③ 提

① Kumar K., Dissel, H. G. van. Sustainable Collaboration: Managing Conflict and Cooperation in Inter-organizational Systems [J]. MIS Quarterly, 1996 (9).

② 陈磊. 日本的图书物流中心 [N]. 中国新闻出版报，2010-03-01.

③ 夏雨. 基于供应链的出版社——发行企业联合库存管理模式探析 [J]. 学习月刊，2011 (6).

出了出版社——发行企业联合库存管理模式，并强调应采用以拥有一定图书储运能力的发行企业为主处理物流业务。

由美国 DEC 公司总裁简·霍兰德和管理学家罗杰·奈格尔提出的战略联盟是企业组织关系中的制度创新，它强调企业之间关系的战略性调整，变对立竞争关系为合作竞争关系，以建立企业相互间的战略联盟。

（三）构建互惠式供应链的可行性

互惠式供应链的关键主要是标准化、信息共享、诚信与协作。这些条件在新华书店系统基本上是具备的。

首先，自 20 世纪 50 年代构建的新华书店系统原本就是计划经济的产物，尽管存在区域割裂，但各省犹如兄弟，有很好的沟通与协作基础。而且，已有打破地区分割、成功实现跨地区经营的先例，如辽宁北方出版物配送有限公司与内蒙古新华书店集团的“双赢”合作。

其次，经过近年的建设，我国除个别省份外，其他各省新华书店系统都拥有大型物流中心，且其软硬件设施大多按照“商流、物流、信息流、资金流”四流合一的高度集成标准配置，实现了数字化、电子化和网络化，在所处省市范围内，多为最大的出版物流中心、出版业供应链的核心企业。

再次，新华书店系统的物流对象主要是图书和音像制品，其数据信息有其特殊性与共性，稍加规范化即可实现本系统的信息共享。

最后，随着物联网技术、UPS 技术、网络技术、电子商务等的快速发展和公共物流信息平台（PLIP）的建立，出版业实现“商流、物流、信息流、资金流”四流合一已不存在技术问题。英国麦克米伦出版公司在过去的几年中，电子数据交换系统经过不断开发和升级，现在可以支持电脑退货。辽宁北方出版物配送有限公司通过计算机网络进行订货、发货、结算和业务信息交流，实现了对供应链全过程的服务和实时监控。

总之，各省市的大型出版物流系统尤其是新华书店系统完全有条件构建互惠式供应链，通过协议规范业务流程、搭建公共物流信息平台、统一结算系统来构建战略合作伙伴关系，利用当地的出版物流中心资源，形成规模优势和区域优势，节省异地建设物流中心成本，提高物流设施利用率和物流效率，进而实现供应链价值最大化。

（四）开放、互惠式供应链物流模式

物流是一种规模经济，但超出一定的半径范围也是不经济的，而信息共享没有时空限制。互惠式供应链借鉴信息共享站概念和战略联盟思想，按照互惠式相互依赖型信息共享模式、联合库存管理模式，以各省市大型出版物流中心为主要节点，将各省市独立的、封闭的出版供应链连接在一起，通过公共物流信息平台，实现信息共享、库存共享、物流设施资源共享。如图 5-11 所示。

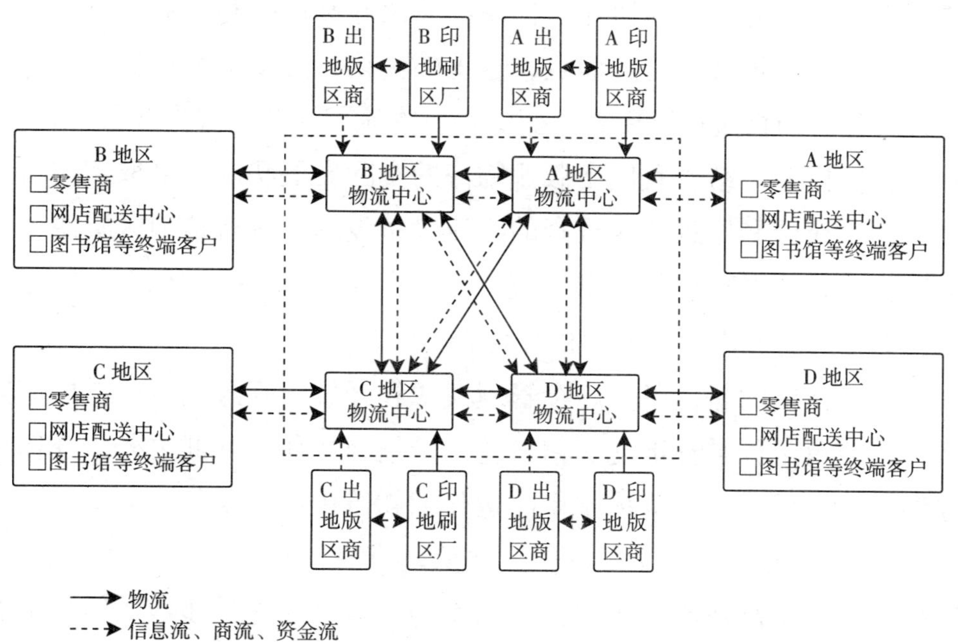

图 5-11　开放、互惠式供应链物流模式示意图

各节点企业通过协议规范业务流程和信息内容，约定相互服务条款与收费标准，通过电子数据交换，实现正向物流、逆向物流合二为一，信息流、商流和资金流三流合一，同时利用 EDI 的辅助预测功能，减少供应链系统冗余。借鉴网络书店系统模式，对相关企业提供补货、存货、销售等实时信息，就近补货。

总之，随着电子商务的快速发展以及大型出版发行物流中心的相继开业运营，出版业物流形成了多种多样的物流模式，表现出集中式的内部供应链特征和顺序式的纵向一体化供应链特征。但严格地讲，我国现行出版业的供应链，只是一条产业链或形式上的供应链，还没有形成实质性的供应链。这也正是物流中心局部效率提高了，但出版业整体物流成本居高不下的主要原因所在。联合库存管理模式可以使出版业供应链得到局部优化；互惠式供应链以各省市大型出版物流中心为主要节点，将各省市独立的、封闭的出版供应链连接在一起，通过公共物流信息平台，实现信息共享、库存共享和物流设施资源共享，实现跨地区资源整合与协作，提高物流设施利用率和物流效率，进而实现供应链价值最大化。而且，这里的优化，无须加大投资。而是改变各自独立的物流运行模式，变“企业物流”为“物流企业”，借鉴国外的运作模式，结合我国出版业物流的实际发展状况，采取切实可行的措施，充分利用近几年投资的物流设备设施，进行跨地区资源整合与协作。使已经建成的大型物流中心满负荷运转，提供标准的物流服务，力争成为业内供应链的核心企业。

需要强调的是，联合库存管理模式和开放、互惠式供应链的有效运行，前提条件是标准化、信息化、诚信与协作。除此之外，还需要强调的一点就是，作为成本中心运作的物流中心应实行有偿运输与配送，建立利润中心，独立运作，并从垂直一体化向水平一体化过渡。这样有利于提高成本意识，提高效率与效益，使之逐步成为第三方物流企业。

第六章　出版业供应链管理与发展

一、出版业供应链管理

管理是对组织的人、财、物及信息资源，通过计划与决策、组织、领导、控制等一系列过程，来有效地达到组织的目标。计划、组织、领导与控制是管理的四大职能。其中，作为管理职能之一的组织，是指根据工作的要求与人员的特点，设计岗位；通过授权和分工，将适当的人员安排在适当的岗位上，用制度规定各个成员的职责和上下左右的相互关系，形成一个有机的组织结构，使整个组织协调运转。

供应链管理要从供应链整体出发，管理上游供应商和下游客户，以更低的成本传递给客户更多的价值。供应链搭建容易，但要高效运转并使整体效益最大化，还需要很好的管理。可是，作为由一系列节点企业组成的供应链，由谁、如何来执行计划、组织、领导与控制等管理职能尚须深入探讨。

(一) 供应链的链接基础——契约

供应链是由一系列节点企业组成的，靠什么凝聚在一起是首先要探讨的。

日本的批发商基本上是由出版社和书店出资创办的，其出版社和分销商之间普遍存在互相参股、利益均沾的关系。例如，东贩公司的股份构成中，讲谈社、小学馆等 360 家出版社股东占有 52.8%的股份，书店占 9.3%，东贩内部占 23.8%，其他股东占 14%；而在日贩的股份构成中，以讲谈社和小学馆为首的 321 家出版社占有 58.8%的股份，书店及其他占 32.6%，日贩内部占 8.6%。[①] 可以说，日本图书出版业供应链内的节点企业通过互相参股这种形式，有效地将图书行业的产销活动连接为一个整体，同时，作为中盘的批发商既保持着经营的独立性，又与出版社、书店形成经济利益共同体。

除日本之外的西方发达国家，图书供应链各方虽没有资本这一纽带链接，但却有有效的契约保证，如德国的图书供应链有着非常稳定的企业合作关系，英国的图书供应链则借助英国出版商协会和英国书商协会共同制定行业交易标准并共同执行。合理的契约约束机制可从道德和法律上有力地巩固图书供应链上下游节点企业之间的忠诚度及业务协调度。

如前所述，我国的图书出版供应链，只是形式上的供应链，其中包括若干团体式的、纵向一体化的、局部的供应链，多是在单一所有权下把生产和配销这两个连续阶段结合在一起，而整体的供应链是松散的，甚至没有处于支配地位的真正的核心企业引领。节点之间只有简单交易或临时的合作关系，没有形成长期的供应链契约关系，供应链缺乏有效的运作与约束机制。

联合库存模式和互惠式模式供应链，打破了企业、地域界限，建

---

① 张曼玲. 从东贩模式看我国发行业的出路和发展 [J]. 出版发行研究，2002 (12)：29.

立了业务上的联系，但这种供应链的顺利运行，前提是整条链上的互信与合作。而互信与合作的根本保障是契约，契约是推行供应链组织职能的关键，通过契约，将供应链上的各节点企业结合为一体，充分利用各地的出版物流中心资源，建立战略合作伙伴关系，以取得单独经营时所不能得到的运营效率与规模效益。

契约式的供应链建立，首先要基于合适的合作伙伴选择。其基本原则，一是专业化分工和资源、优势互补；二是每个节点企业，只加入一条或少数几条供应链。

契约一般要约定相互服务条款、业务流程、收费标准、图书批发折扣与零售优惠浮动范围、结算方式与手段、快速响应机制、同业竞争约束机制以及奖惩办法等。对此，我国以新华书店为首的直营连锁和以民营书店为主的加盟连锁已经取得了很多成功经验。连锁经营能做到的，对供应链上的合作伙伴也应该能够做到。

需要强调的是，为合作伙伴以及最终顾客提供最大限度的服务，可能意味着快速交货、大量存货、灵活分类、自由退货政策和其他服务，这些都会增加销售成本。对此，应基于供应链的整体利益，调查各项服务对其顾客的重要性，权衡利益与成本，为每个环节、每个细分市场设定一个合适的服务水准。

（二）供应链的运行灵魂——信息

1. 信息是供应链运行的灵魂、中枢

精益生产思想起源于20世纪70年代日本的汽车行业，寻求的是零配件和在制品的库存最小化，并在任何可能的环境下推行“及时制”。[①] 精益思想适用于品种少、需求可预测的情况，如教材。品种多、

① ［英］马丁·克里斯托弗. 物流与供应链管理［M］. 何明珂，等译. 3版. 北京：电子工业出版社，2009.

可预测性差的一般图书适用敏捷思想，也就是说，在需求不确定、产品种类多的市场环境下，敏捷尤为重要。而要对市场做出敏捷反应，很明显，需要供应链各节点企业更高水平的通力合作与同步化运作。企业间的“双赢”合作契约是基础，信息化、信息共享是灵魂。没有信息化，任何先进的物流技术设备都不可能达到应有的效率，信息流动畅通无阻，才能保障物流配送的及时、准确。国外著名企业的供应链管理经验说明，信息技术的应用是提高企业供应链管理水平的前提条件，尤其是在电子商务与供应链管理相结合这一发展趋势下，信息流是连锁经营、物流配送乃至整条供应链的中枢神经，决定着商流、物流的协调运作和平稳运行。

沃尔玛是全球第一个发射物流通信卫星的企业，通过建立全球第一个物流数据处理中心，第一个实现集团内部 24 小时计算机物流网络化监控，使采购、库存、订货、配送和销售一体化。通过网络，可在 1 小时内对每种商品的库存、上架、销售量全部进行盘点。沃尔玛正是在 EDI、EOS、POS 等信息技术的支持下，做到了商店的销售与配送中心、配送中心与供应商的同步。①

新加坡物流业以电子物流的全新经营模式，发展出一套独具特色的网络供应链管理系统（ISCM）。用信息技术，积极发展即时网上库存管理、货物跟踪及电子数据自动交换系统，为港口间、港口与内陆物流企业间、物流企业与服务对象间进行信息共享和及时传递物流信息创造了有利条件。②

在出版业，信息这一供应链的运行灵魂、中枢神经作用更为明显，也不乏先进事例。从 20 世纪 80 年代开始，日本出版行业开始全面推行信息化。90 年代中期，开始围绕讲谈社和小学馆两大集团、东贩和日贩两大发行中盘搭建图书出版业信息系统交换平台。到 2001 年，小

① 周延波，光昕. 我国连锁零售业物流配送的现状与对策分析［J］. 物流管理，2011（12）：84.

② 祝开滨. 新加坡的物流信息技术优势［J］. 物流管理，2011（12）：88~89.

学馆已经将日本较大的18家出版社的图书库存全部纳入网上订货系统，与4000多家零售店进行销售数据传输和交换。他们使用POS统计数据，对每本书的销量进行实时监控，从书店到中盘物流中心、出版商，整个图书供应链信息传递及时、顺畅，从而形成一条快速响应的供应链，供应链上各方都可以从中获得利益。

2. 现代物流业的重要信息技术及在我国的应用

现代物流业与传统物流业的重要区别在于信息技术的广泛应用，包括计算机技术、电子数据交换技术、网络技术、RFID&条码及扫描技术、GPS技术等。在电子商务环境下，作为供应链企业之间进行数据交换、信息集成的重要手段，电子数据交换EDI是不容忽视的。EDI是由商业文件构成的标准电子信息格式，通过它可以快速获得信息，减少纸面作业，提高效率，降低成本。同时，EDI还有辅助预测的功能，可以减少供应链系统的冗余性。同样，在电子商务环境下，互联网已经成为实现供应链中各节点企业信息共享的主要载体。在需求信息传递和沟通良好的供应链中，供应链各节点能够共享最下游节点的POS系统的图书实时销售信息以及各级节点的库存信息、货运信息，减少信息多级传递中的失真、扭曲放大现象，从而为各级节点准确、科学的预测提供客观的数据，提高客户服务水平和供应链各节点利益的最大化。

我国出版业信息技术的应用，多是在出版集团或发行集团内部。某些集团内部收发货、结算、库存调剂等业务可通过互联网实时反映和交换。各出版社可以在互联网上点击集团信息平台网站，随时查询本社的图书销售情况和在库情况；零售店可以在较短的时间内得到新书目录，并可进行网上查询、下单订货和添单，实现网上交易，提高交易频率和进货速度；同时发行集团各直营连锁店可通过网上银行结算。但是，用于商业解决方案的信息技术并没有在图书出版供应链中广泛应用。在公司内部进行信息集成，只代表了供应链中的一个环节。只有在供应链上下游的各个环节进行完整的信息集成应用，才能使图书销售服务组织获得效率上的提升。①

3. 物流信息平台

物流信息平台，是指运用先进的信息技术和现代通信技术所构建的具有虚拟开放性的物流网络平台，是物流信息储存、流动、交换的基础。

作为现代物流业发展的基石，物流信息化的最终目的是促进信息共享，以减少由于信息不对称而造成的资源、成本浪费。随着物流业的发展，物流公共信息平台建设，逐渐受到各级政府的高度重视。2011 年 8 月，《关于促进物流业健康发展政策措施的意见》（称“国九条”）（国办发［2011］38 号）下发。再次提到“推动区域内物流基础设施和信息平台等共享共用”，而此前的“国八条”也将推进物流信息资源开放共享，作为重要建设内容之一。

日本图书出版业信息化普及得益于其行业信息标准化的规范和推广。我国图书出版业在标准化、信息化建设方面，2006 年 3 月新闻出版总署批准发布了《图书流通信息交换规则》行业标准。这一标准的实施将结束我国图书发行行业数据文件格式不统一、相互不兼容的历史，有效地解决图书流通领域商品信息和市场信息的对称流动，加快图书发行行业标准化信息化建设。

图书本身的基本信息一般包括书号、书名、版别、价格、重量、尺寸等理性数据，推荐词、关键词等网站使用的感性数据，以及图书馆使用的 Mark 数据。这些静态的通用数据，如果每个节点企业都从自己的需要出发自行制作，往往导致工作重复、成本浪费、信息共享障

① 李君. 中国图书分销物流存在的问题与前景展望［J］. 中国出版，2010（3）.

碍。但如果交给一个独立的企业，按照《图书流通信息交换规则》行业标准进行图书信息的采集与制作，以备出版社、物流企业、各级经销商以及图书馆等最终客户使用，将有利于图书出版业较好地实现标准化与信息化。

图书流通中的订货、销售、货运、库存等属于商务动态数据，其信息传递可委托给供应链核心企业的信息技术部门或专门的信息处理中介。这些动态数据的共享，可能会暴露某节点企业的客户资源和商业秘密，为此，节点企业需要建立在互相信赖、契约约束的基础上。沃尔玛就是让供应商掌握客户资源、库存和实时销售信息才实现供应链管理的。

（三）供应链的运行动力——激励

供应链是不同企业为了共同利益而结合在一起的整体，成员之间是战略合作、相互依赖的关系。每个成员都应在供应链中扮演一种角色，并且专门发挥一种或多种作用。松散的供应链是由一个或多个独立的供应商、生产商、批发商、零售商组成，每一方均为独立的经营实体，各自追求其利润的最大化，以至牺牲整个供应链的利益也在所不惜，谁也控制不了谁。在经济全球化、竞争激烈的今天，企业与企业之间的竞争已经发展为供应链与供应链之间的竞争，要想取得竞争优势，必须从供应链全局出发，建立相应的激励机制，充分调动每个成员的积极性，这是供应链良好运行的动力所在。

激励机制包括有形与无形两部分，前者表现为合理的分配机制的建立，是激励的重要保障；后者则表现为附加利益的提供，借以增进成员间的相互吸引、相互依赖。

1. 合理的利益分配

企业参与供应链的目的是获取利润和赢得竞争优势，参与供应链后，如果快速响应、信息共享等产生的利益分配不均，就会导致某些供应链成员参与供应链的意愿降低或丧失。为此，要想调动供应链每个节点企业的积极性，各节点企业的利益不能忽视。①

图书出版供应链的信息共享与快速响应，一般会影响到存储费用、运输费用、库存与销售风险、退货成本、信息采集与传递的成本费用等，由此带来的利益多通过不同的价格折扣进行分配，使得价格折扣极其复杂、混乱，恶性的价格竞争时有发生。为此，基于我国出版业实际，可以从以下两个方面加以考虑：

（1）制定公平的价格折扣政策。

日本普遍采用定价销售制和委托销售制。出版物零售价格由出版企业制定，书店无权决定价格，也不能单方面打折销售，从而维持了一个稳定的价格体系，避免了恶性价格竞争。

德国的法律和政策规定，图书批发公司作为中介机构，可以从出版企业获得的折扣最高为50%，而任何零售商店都不允许从出版企业得到比图书批发公司更高的折扣。这一规定显然有利于图书批发公司发挥自己的作用和优势。

我国的图书价格折扣加入了太多的影响因素，并被灵活地运用于图书促销，甚至成为整个网店吸引顾客的法宝，由此可能导致某些图书的零售价低于批发价，使得整条供应链利益受损。问题的解决，可以遵循以下一些原则：

一是从供应链上游到下游统一考虑价格折扣系列，使价格折扣有章可循，并在不损害整条供应链利益的前提下，在一定的范围内浮动。

---

① 王明懿. 供应链信息共享：内容、模式与激励 [J]. 物流管理，2011（1）.

二是节点企业间的联合库存与互惠，要建立有利于长期合作的利益分配机制。以联合库存为例，假设图书出版业供应链内只有两个企业——出版社和发行企业，并且只有一种图书在流通。退货成本包含在物流成本中，物流成本单独核算。开展联合库存管理后主要由发行企业负责库存的管理，所发生的物流成本由出版社以降低折扣形式予以补偿。构建简单模型：用 c_1、Δc_1、π_1、r、P、Q 分别表示出版社的非物流成本、物流成本、利润、对发行企业的折扣、图书定价、发行量。用 c_2、Δc_2、π_2 分别表示发行企业的非物流成本、物流成本、利润。开展联合库存管理后的折扣率为 r^*，供应链内发生的物流成本为 Δc^*，出版社与发行企业新的利润为 π'_1、π'_2。前面分析，联合库存管理可以带来成本优势，因此 $\Delta c^* < \Delta c_1 + \Delta c_2$，进而 $\pi'_1 + \pi'_2 > \pi_1 + \pi_2$，既采用联合库存管理后链内企业总利润要大于未采用联合库存管理时的链内企业总利润。为使这一模式继续采用下去，必须使 $\pi'_1 \geqslant \pi_1$、$\pi'_2 \geqslant \pi_2$ 同时成立。可以推导出式（6–1）。

$$r - \frac{\Delta c_1}{PQ} \leqslant r^* \leqslant r - \frac{\Delta c^*_2 - \Delta c_2}{PQ} \tag{6–1}$$

通过这个公式可以看到采用联合库存管理模式后出版社对发行企业新的折扣是有上下限的，如何在这个上下限的范围内选择一个让双方都满意的折扣率，即建立一个有效的利益分配激励机制是整个模式得以维持的关键。

三是单独考虑存储、配送与退货运输费用，实行完全的有偿服务，减少价格折扣的影响因素数量，使价格折扣更加清晰、透明。同时，亦可促进节点企业——物流中心建立成本意识，调动其满负荷运行的积极性。

另外，退货的逆向物流运输可考虑由退货方付费，以便促使其提高分析预测意识，降低退货率，加强退货控制，为供应链上游企业分担销售风险。

（2）信息共享激励。

供应链的供、销、存及市场需求等动态信息的传递过程如图 6-1 所示。

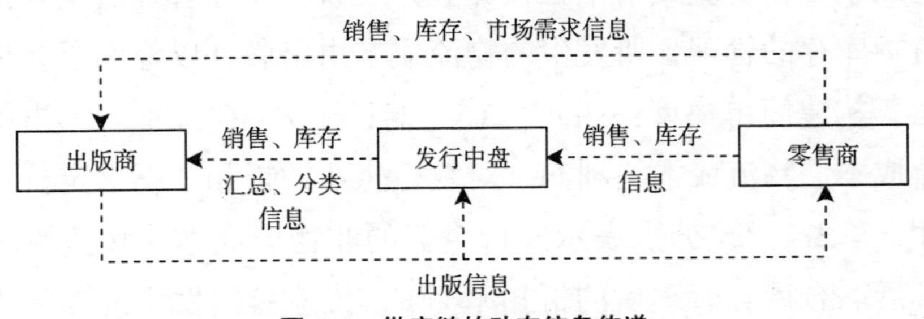

图 6-1　供应链的动态信息传递

在信息传输过程中，上游企业无疑处在被动地位，但却是信息共享的受益者。如出版企业就可享用零售终端的第一手信息和发行中盘的汇总、分类信息。要调动下游企业信息共享的积极性，确保下游企业能够及时、准确地将相关信息向上游传递，必须采取适当的激励措施和契约约束。

从图 6-1 可以看出，零售企业是信息的源头，掌握着市场的第一手信息，为此，调动零售企业积极参与信息共享是关键。对此，上游企业——出版商和发行中盘需要了解零售企业的需求，采用零售企业需要的方式加以激励。比如，出版企业或发行中盘为其免费安装信息采集与传递系统，建立自动补货机制，对订货、进货与促销给予必要的指导等。

2. 附加利益的提供

附加利益指人们购买有形产品时所获得的全部附加服务和利益。附加利益的提供，可以促使节点相互吸引以至谁都离不开谁，达到“共赢”。

美国两大分销商贝克·泰勒和英格拉姆提升客户服务质量的出发点

都是：为图书出版业供应链内各节点企业实现价值增值。他们运用先进的数据发掘技术，在网上图书订购、物流服务、信息增值服务等方面对客户提供优质服务，除此之外，他们还特别注重信息增值服务的积累，为上下游企业提供成熟的产品分析服务。

亚马逊客户可以到就近的书店取书，省去了送货费用，书店也从中增加了客流量和销售机会，达到了“共赢”。

二、出版业供应链发展预期与构想

（一）供应链环境下出版业企业边界的发展变化

1. 企业边界理论的主要观点

企业边界是指企业在市场竞争过程中形成的企业规模和经营范围，其基础是企业的核心能力，决定因素是企业的经营效率。企业的经营范围，决定了企业与市场的边界，企业通过划定自身的经营范围以确定企业自身可以完成的经营活动以及交由市场完成的经营活动；经营规模则是在企业经营范围划定的基础上企业发展的规模。企业的经营范围相当于企业的纵向边界，经营规模相当于企业的横向边界。

企业边界理论之一——交易成本理论认为，交易成本决定企业边界。市场和企业组织是可以相互替代的两种机制，当企业组织的边际成本大于市场提供的边际成本时，企业倾向于市场采购，企业规模会缩小；当企业的边际组织成本小于边际交易成本时，企业规模会扩大。

企业组织成本与市场交易成本的均衡点就是企业的最佳边界，[①] 如图6-2所示。C代表边际成本，S代表企业规模，C_1代表边际交易成本，C_2代表边际组织成本。企业的最佳边界位于C_1和C_2交点处的S_0，此时，市场的交易成本与企业组织成本相等，均为C_0。

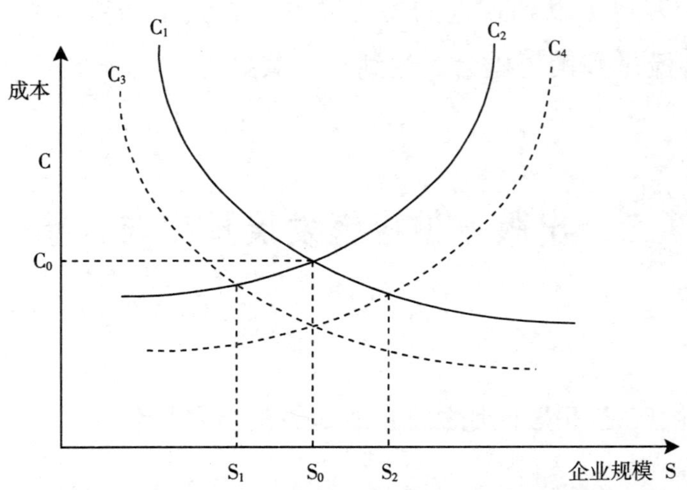

图6-2 边际交易成本与边际组织成本对企业规模的影响

当外界某些经济环境因素发生变化促使企业交易成本降低，而组织成本不变时，曲线C_1向下移动到C_3，产生新的最优边界S_1，企业边界收缩，市场边界扩大；当外界某些经济环境因素发生变化促使企业组织成本降低，而交易成本不变时，C_2便向下移动到C_4，又会产生新的最优边界S_2，此时，企业趋向进一步扩大自己的规模。

解进强[②] 认为，供应链管理能够同时降低企业的组织成本、生产成本和交易成本。在供应链管理环境下，其成员企业边界呈现出两种变化趋势：纵向边界收缩，横向边界扩大，即经营范围收缩，经营规模扩大。

---

①② 解进强. 供应链管理下企业边界问题研究［J］. 经济体制改革，2005（5）：62~65.

2. 出版业企业边界的发展变化

按照上述企业边界理论，在供应链管理环境下，图书出版业企业边界将会发生如图 6-3 所示的变化。

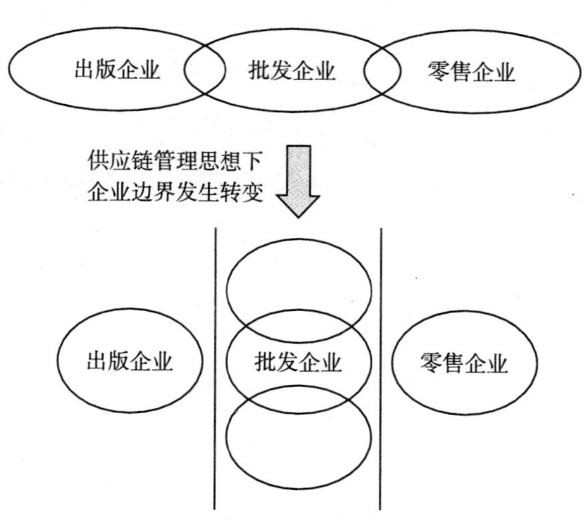

图 6-3　供应链管理环境下图书出版业企业边界变化示意

出版企业、发行企业、零售企业在松散的供应链中存在功能重叠和资源浪费。在供应链管理环境下，由于合作关系的存在，企业间的交易成本降低，企业会更倾向于“采购”，放弃“纵向一体化”的发展模式，而更加专注于发挥和加强企业核心竞争能力。同时，企业更倾向于“横向一体化”的发展模式，发展与核心能力相关的经营业务，追求内部经营的协同优势和规模经济，使得企业专业化水平提升，核心竞争力加强。

图书出版业企业边界变化的结果将是：出版企业会更加专注内容资源的开发与利用，剥离与内容生产无关的业务，如仓储、运输等物流业务，采购第三方物流企业的服务或者将物流业务向供应链下游转移。批发企业在大笔投资建设物流中心之后，使得企业仓储、物流的边际组织成本大为降低，甚至远远低于边际交易成本，为此，批发企业规模会扩大，而且主要是围绕仓储、物流业务扩大经营规模，以求这些物流设备、设施的充分利用。互惠式供应链物流模式，便是基于企业边界发展的横向一体化。零售企业除网上书店涉足物流等业务外，多靠上游企业完成物流业务。只是受网上书店的冲击，实体书店会逐步减少，他们对上游企业的依赖性会增大。

总之，出版企业，除建有大型物流中心以外，会将物流业务完全交由专业的、能提供满意的综合服务的第三方，专心做出版。各地发行集团，尤其是其物流中心，将有更多的将业务延伸到出版企业的机会。同时，批发企业也要关注企业边界发展的横向一体化，与其他批发企业密切合作或兼并重组，充分发挥协同优势和规模经济优势。

（二）电子商务环境下出版业供应链集成——第四方物流

第四方物流（4PL）的概念最早是由美国安德逊咨询公司（Anderson）于20世纪90年代中期提出的，他们将“第四方物流”定义为一个供应链集成商，调配和管理公司自身，以及具有互补性的服务供应商的资源、能力和技术，以提供一整套综合的供应链解决方案。该公司在1991年即为英国石油公司提供一体化物流外包方案并获得成功。2001年，安德逊公司在其技术咨询部Aecenture的基础上成立Aecenture咨询公司，并于同年6月在纽约证券交易所挂牌上市，2002年，该公司营业收入达16亿美元，其技术和软件在全球广泛应用，世界500强企业约一半是其客户。Aecenture咨询公司的定位是：为客户提供资源优化组合的一体化方案，为合作、联合、联盟企业解决技术、业务流程和发展战略问题。赵广华[①]认为，第四方物流的主要特征是集约化、信息化、综合性、低成本、高收益、规范化、标准化以及国际化。第四方物流的主要功能是供应链管理功能，一体化物流功能以

① 赵广华. 赢在供应链——第四方物流［M］. 北京：经济管理出版社，2006.

及供应链再造、整合上下游产业的功能。

从第四方物流的定义、特征、功能描述以及安德逊公司在第四方物流方面的成功应用，我们不难看出，电子商务环境下，图书出版物流发展到今天，为更好地组织物流资源配置，迫切需要引入第四方物流加以引领，提供全面的供应链解决方案。

山东济宁新华物流中心以家电物流为切入点，逐步向该产业的分销、代理、售后服务等领域延伸，同时拓展医药及超市配送，在做精第三方物流的基础上，逐步拓展第四方物流的部分功能。但与第四方物流的定位还相差甚远。

引入第四方物流，首先，需要明确图书出版业第四方物流的主体，其次，要建设物流信息平台。第四方物流企业的主体一般是由多个第三方物流 3PL 企业、管理咨询公司和信息技术公司组成的物流联盟企业。我国图书业第四方物流企业也应以这一模式进行构建。[①] 实际上，我国新华系统的大型批销物流中心一般设有相对独立的信息部门，配备先进、完善的现代物流信息系统，掌握相应的先进技术，可以独立出来，发展成为这种提供第四方物流的供应链集成商，实现成为区域性中盘商的新华物流目标。

前述互惠式供应链是各区域核心企业——区域中盘的联合，4PL 则是以信息平台、方案集成为主要服务内容的虚拟的区域乃至全国性中盘。在图书出版供应链中将扮演三个角色：一是提供图书信息平台，促进图书供需透明化；二是进行供应链优化，提供业务整合，协调第三方物流，达到资源合理利用；三是通过测算，规划成本最低、效率最高的物流路径，就近调拨，批量运输，最大限度地发挥物流的规模化效应，降低整个系统的物流成本。

---

① 中国物流与采购网. 图书出版业的第四方物流研究 [Z]. http：//www.chinawuliu.com.cn/xsyj/200911/06/141531.shtml，2009-11-06.

（三）出版业供应链重构

马丁·克里斯托弗[①]认为，供应链管理和“纵向一体化”不同。纵向一体化通常意味着拥有上游供应商和下游客户的所有权。虽然这曾一度被认为是最为理想的策略，但目前越来越多的企业开始重点关注他们的“核心业务”（自身真正在行的业务或有着独特优势的地方），其他业务则都“外包”（在公司外部完成）。快速反应的供应链被定义为高度集成化的供应链，即对不同功能之间进行内部整合和对上游的供应商及下游的客户进行外部整合。许多企业因其企业结构功能之间难以逾越的障碍，而导致无法达到服务的快速灵敏。他们对每一种功能而不是过程进行管理，从而采取了分块管理的方法。同时，对于这种企业，在缺少内部整合的情况下，对外部进行集成是相当困难的。

用马丁·克里斯托弗的观点来思考我国图书出版供应链深有启发。的确，要想整合我国松散、复杂交错的出版业供应链，需要改变企业结构，打破壁垒，从垂直一体化向水平一体化过渡。

首先，供应链各节点企业，要思考企业参与价值链上的每一项活动，评估自身是否可以通过该项活动获得真正意义上的竞争优势。如果回答是否定的，企业就应该考虑将这项活动外包给那些可以提供价值优势的合作者。把不是自己的优势业务交由他人完成，有所为，有所不为。这也正是企业边界理论的交易成本理论和迈克尔·波特的价值链理论所要强调的主要观点。实际上，外包物流是物流专业化的重要形式，也是物流社会化的有效途径。将物流外包给第三方物流公司是跨国公司管理物流的通常做法。将不是自己核心业务的业务外包给从事该业务的专业公司去做，由此所形成的供应链更

① ［英］马丁·克里斯托弗. 物流与供应链管理［M］. 何明珂，等译. 3版. 北京：电子工业出版社，2009.

有竞争力。

其次，各省、直辖市的新华发行集团属下的物流中心独立出来，进行横向的全国范围的资产重组，在出版社、印刷厂集中地区，如上海、北京等，成立 1~2 个股份有限公司，独立于发行集团集中运作，从而打破壁垒，形成物流中盘。

最后，各省、直辖市的新华物流中心属下的信息部门独立出来，进行横向的资产重组，成立第四方物流公司。在电子商务环境下，物流、商流等信息由第四方物流公司、电子商务公司进行整合，作为各发行集团和物流中盘的中心枢纽，打破信息孤岛的格局。

按照上述构想，图书出版业供应链节点企业数量会有所减少，专门化会大大提高。其中，第四方物流公司是以信息平台、方案集成为主要服务内容的虚拟的全国性中盘；各区域中盘物流中心进行水平一体化重组后成立的股份制物流企业，便是一个全国性的实物流动中盘，更加充分地利用各地物流资源。虚拟的与实际的中盘相结合，将大大提高物流效率，降低物流成本。

此时，发行集团可集中精力发展和管理属下的实体书店，并开展出版社图书宣传推广、促销、展销、国际贸易、需求预测、销售渠道策划等高端服务。

总之，图书物流是一个规模经济效应极强的行业，按照上述构想发展下去，我国图书出版物流将逐渐向寡头垄断的市场方向演变。做大中盘，对稳定供应链、加强供应链协作、提高供应链效率和促进信息共享非常有益。

第七章　数字出版环境下大型出版物流企业可持续发展研究

一、我国数字出版环境与发展概况

（一）数字出版的概念

新闻出版总署《关于加快我国数字出版产业发展的若干意见》（新出政发［2010］7号）中，从管理和应用的角度对数字出版做出了如下定义：数字出版是指利用数字技术进行内容编辑加工，并通过网络传播数字内容产品的一种新型出版方式，其主要特征为内容生产数字化、管理过程数字化、产品形态数字化和传播渠道网络化。

目前，数字出版产品形态主要包括电子图书、数字报纸、数字期刊、网络原创文学、网络教育出版物、网络地图、数字音乐、网络动漫、网络游戏、数据库出版物、手机出版物（彩信、彩铃、手机报纸、手机期刊、手机小说、手机游戏）等。

数字出版产品的传播途径主要包括有线互联网、无线通信网和卫星网络等。

（二）我国数字出版产业发展环境

1. 国家高度重视数字出版产业的发展

近几年来，我国数字出版产业得到了长足发展，并得到了国家和各级地方政府的高度重视和大力支持。2006 年，国家先后公布了《中华人民共和国国民经济和社会发展第十一个五年规划纲要》、《国家中长期科学和技术发展规划纲要》、《国家“十一五”时期文化发展规划纲要》，这三个重要的规划均把发展数字出版、数字印刷技术和发展新媒体列入了科技创新重点。例如，在《国家“十一五”时期文化发展规划纲要》中就明确指出：“大力发展以数字化内容、数字化生产和网络化传播为主要特征的新兴文化产业，加快发展民族动漫产业，大幅提高国产动漫产品的数量和质量，积极发展网络文化产业，鼓励扶持民族原创的健康向上的互联网文化产品的创作和研发，拓展民族网络文化发展的空间。”该纲要还强调：“大力推进以数字技术和互联网技术为核心的文化生产和传播的新兴行业，加快传统发行业向现代发行业的转换，积极发展电子书、手机报刊、网络出版物等新业态，发展手机网站、手机报刊、数字电视、网络广播、网络电视等新兴的传播载体。”

2007 年 1 月 23 日，胡锦涛主席在中共中央政治局第三十八次集体学习时强调以创新的精神加强网络文化建设和管理，满足人民群众日益增长的精神文化需要，并就加强网络文化建设和管理提出了五项要求，其中第二项要求就是要提高网络文化产品和服务的供给能力，提高网络文化产业的规模化、专业化水平，把博大精深的中华文化作为网络文化的重要源泉，推动我国优秀文化产品的数字化、网络化，加强高品位文化信息的传播，努力形成一批具有中国气派、体现时代精神、品位高雅的网络文化品牌，推动网络文化发挥滋润心灵、陶冶情操、愉悦身心的作用。

2008 年，国务院印发的《新闻出版总署新“三定”方案》中增设了数字出版专职工作部门，为推动数字出版产业发展提供了重要的组织保障。

2009 年 8 月 13 日，新闻出版总署署长柳斌杰在第二次部市合作联席会议上的讲话提出，数字出版是新闻出版业的战略重点和未来发展方向，是我国文化经济的新增长点。2010 年 1 月 25 日，柳斌杰署长在全国新闻出版工作会议上的报告中明确提出，到 2020 年，我国数字媒体等新兴产业的发展达到世界先进水平是今后 10 年我国建设新闻出版强国的一个重要发展目标。

新闻出版总署积极倡导并推动数字出版产业发展，明确把发展数字出版作为推动新闻出版产业发展的五大重点任务之一，并将其纳入《新闻出版业“十二五”时期发展规划》，还先后印发了《关于加快我国数字出版产业发展的若干意见》、《关于发展电子书产业的意见》等一系列推动数字出版产业发展的政策文件，指导数字出版产业健康快速可持续发展。

国家对数字出版产业的高度重视和强有力的政策支持，为数字出版产业的发展提供了可靠保障。

2. 各级地方政府大力支持数字出版产业的发展

数字出版不仅得到了国家的高度重视，同时也得到了各级地方政府的大力支持。广东、上海、北京等地区是我国数字出版的先行地区。几年来，各地在数字出版方面已经取得了突出的成绩。

广东省委、省政府高度重视数字出版产业发展，在 2006 年 6 月颁布的《中共广东省委、广东省人民政府关于争当实践科学发展观排头兵的决定》中，明确提出了“以数字出版和创意产业为抓手，培育新的文化业态”的任务要求和打造“数字广东”的战略目标。同年7月，广东省委、省政府颁布的《关于加快建设现代产业体系的决定》，把“数字广东”列为重点建设现代产业体系的八大载体之一，为加快推进广东数字出版产业发展指明了方向。在省领导分工主抓的重点工作中，在《2009年广东省政府工作要点》中，都把数字出版工作摆在了重要的位置。

2008年8月，广东省新闻出版局为加快推动广东数字出版，确立了八大数字出版重大核心工程项目，即出版流程数字化再造工程、城市综合信息门户网站工程、数字出版服务及管理平台工程、出版资源智能化数据库工程、新媒体形态探索和内容建设工程、网络游戏动漫出版工程、出版物物流配送中心工程和信息内容处理技术研发应用工程。

2010年1月23日，广东成立了广东数字出版产业联合会。广东数字出版产业联合会是国内首个数字出版社团组织，由广东数字出版内容生产、技术研发、产业运营、教学科研等相关企事业单位组成。目前，已有88家企业自愿申请加入联合会，包括全省各大报业、期刊、出版、广电影视等媒体集团，报纸、图书、期刊、音像等出版单位，网游动漫企业，数字出版技术研发和运营企业、院校教学科研机构等国营和民营单位。

广东数字出版产业发展迅猛，在营造发展环境、创新关键技术、探索商业模式、开展转型试点、培育市场主体、壮大龙头企业等方面取得了突出成绩，积累了宝贵经验。数字出版“广东模式”为我国数字出版产业的整体发展起到了很好的“示范区”作用。

上海作为一个国际性大都市，在经济、文化和科技方面有很好的基础。上海市委、市政府高度重视数字出版产业的发展，将其作为实现产业结构调整和经济结构转型的重要战略性举措，并将数字出版确定为全市推进高新技术产业化的重点领域之一。

2008 年 7 月 17 日，通过“部市合作”的方式，新闻出版总署和上海市政府批准建设我国第一家数字出版产业发展基地——上海张江国家数字出版基地。

2009 年 12 月 9 日，方正集团与上海张江集团 9 日签署合作协议，将共同投资 2.85 亿元，组建全国数字出版的旗舰企业——中国数字出版技术有限公司，正式入驻张江国家数字出版基地。方正与张江集团的强强合作，将带动中国数字出版行业向专业化、技术化、资本化等方向发展。

目前，上海市已把发展数字出版正式列入了市政府“十二五”专项规划。将数字出版列入全市“十二五”规划，在全国各省市属首例。

北京市委、市政府也高度重视数字出版产业的发展，并把游戏动漫产业作为重点发展和扶植的领域。目前，北京已经形成以中关村科技园区为核心，以海淀区、石景山区、东城区为相对集中区，带动全市整体推进的产业格局，既利用好现有的产业园区的各项政策，又充分发挥重点区县的区位优势和产业特色，形成区域化布局、产业化经营、垂直分工、横向对接与互动的产业体系和各有侧重、分工协作、相互配合、共同培育的良性支持体系。

继广东、上海、北京之后，浙江、辽宁、重庆等省市也十分重视和关注数字出版产业的发展。在产业规划、引导和布局等方面做了大量的工作，并制定了相关的扶植政策。

3. 国家级数字出版基地建设

继上海张江国家数字出版基地之后，在新闻出版总署大力支持下，各地先后建设了九个国家级的数字出版基地，包括：上海张江国家数字出版基地、重庆北部新区国家数字出版基地、杭州国家数字出版基地、华中国家数字基地、中南国家数字出版基地、天津国家数字出版基地、广东数字出版基地、江苏国家数字出版基地（园区）和陕西国家数字出版基地。国家级数字出版基地的建设为推动我国数字出版产业的集群式发展具有十分重要的意义。

“十二五”是我国数字出版产业发展的黄金时期。在“十二五”发展期间，国家及各级地方政府将会进一步加大数字出版产业发展的政策扶植力度，将会为数字出版产业的发展提供一个良好的政策环境，以保证数字出版产业健康、稳定地向前发展。

4. 数字化阅读率逐年增长

2011 年 7 月 19 日，中国互联网络信息中心（CNNIC）在京发布《第 28 次中国互联网络发展状况统计报告》，该报告显示，截至 2011 年 6 月底，中国网民规模达到 4.85 亿，手机网民 3.1768 亿。手机网民在总体网民中的比例达 65.5%，成为中国网民的重要组成部分。微博用户数量以高达 208.9%的增幅从 2010 年年底的 6311 万爆发式增长到 1.95 亿，成为用户增长最快的互联网应用模式。①

2011 年 4 月，中国新闻出版研究院发布《第八次全国国民阅读调查报告》。调查结果显示：2010 年我国 18~70 周岁国民各媒介综合阅读率达到 77.1%，图书、报纸、杂志的阅读率和数字化阅读方式的接触率较 2009 年均有增长，数字化阅读方式的接触率增长幅度最大。2010 年我国 18~70 周岁国民图书、报纸、期刊的阅读量较 2009 年也均有增加，国民阅读电子书超过 6 亿本。我国 18~70 周岁国民人均每天接触报纸和图书的时长有所增加，期刊接触时长有所减少，人均每天上网时长和手机阅读时长有大幅增加。②

读者阅读习惯的转变，为我国数字出版产业的发展创造了良好的社会环境，也意味着我国数字出版已经具备了快速发展的客观条件。

---

① 中国互联网络信息中心（CNNIC）. 第 28 次中国互联网络发展状况统计报告［J］. 2011.7.

② 中国新闻出版研究院. 第八次全国国民阅读调查报告. 2011.4.

（三）我国数字出版发展概况

1. 电子书

我国电子书产业近几年发展迅猛，已成为全球重要的生产和消费国。截至 2010 年底，我国电子图书总量为 115 万种，同比增长 15.65%；电子图书年交易册数为 5770 万册，同比增长 6.93%；电子图书市场产值为 8.69 亿元，同比增长 202.79%。从电子图书细分市场来看，2010 年，数字图书馆、收费阅读、手机阅读、专用手持终端阅读的销售收入分别为 1.226 亿元、1.135 亿元、6.143 亿元、1317 万元，手机阅读占据了 70.6%的市场份额。[①] 可见，手机阅读已经成为网民数字阅读的一种主要方式。

2. 我国数字出版发展整体状况

"十一五"时期，我国数字出版产业营业收入增长迅速，从 2006 年的 213 亿元，增长到 2010 年的 1051 亿元，5 年间平均增幅接近 50%。中国新闻出版研究院发布的《2009~2010 中国数字出版产业年度报告》显示：2010 年，我国数字出版产业具体收入情况为网络广告收入为 321.2 亿元，互联网期刊收入为 7.49 亿元，电子书（电子图书+内置内容的电子阅读器）收入为 24.8 亿元，网络游戏收入为 323.7 亿元，在线音乐收入为 2.8 亿元，手机出版收入为 349.8 亿元，数字报纸（网络版）收入约为 6 亿元，博客收入约为 10 亿元，网络动漫收入约为 6 亿元。

2010 年，数字出版总产出占新闻出版业总产出的比例已接近

---

① 中国图书商报和读吧网. 2010~2011 年中国电子图书发展趋势报告. 2011.4.

10%，[①] 成为新闻出版业重要的经济增长点。

二、数字出版对传统出版及其物流业务量的影响

（一）数字化环境下出版业供应链变迁

我国传统出版业的供应链是由作者、出版企业、发行集团和批发商、零售书店和图书消费者等构成，其供应链结构模型如图 7–1 所示。传统出版业供应链的主要特点是结构简单、各环节关系松散、供应链管理水平低、核心企业的作用不明显，呈线性单链型结构。

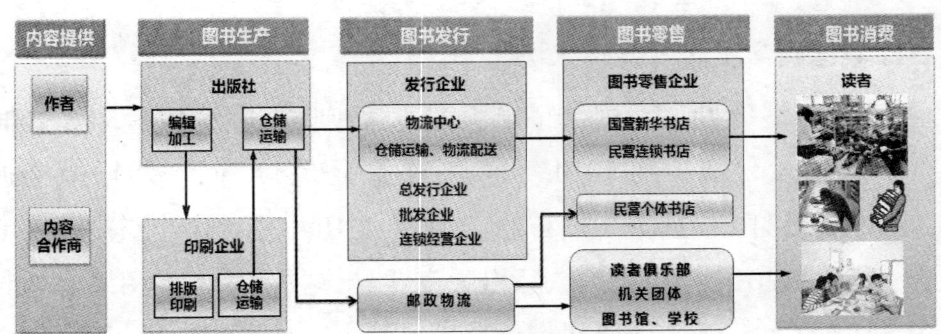

图 7–1 传统图书出版供应链

数字化环境下，出版业的产品形态、发行渠道、供应链各环节等都发生了很大的变化。出版产品除了传统的纸质出版物外，还有电子图书、网络文学、网络游戏、数字期刊等多形态的数字出版物。出版物发行渠道除了传统的发行渠道外，还有互联网、移动互联网、卫星等多种发行渠道。供应链各环节除了传统的出版、印刷、发行及零售

① 柳斌杰. 在六中全会精神指引下推动数字出版跨越式发展. 全国数字出版工作会议上的讲话，2011.11.10.

企业外，内容加工企业、数码印刷企业、按需印刷企业、电子商务企业、电信运营商、软件技术提供商、支付企业、银行及广告商等企业通过提供各种服务也都加入了供应链，形成了具有纸书出版和数字出版等的多条供应链网状结构。如图 7–2 所示，其中的纸质图书出版供应链与传统的图书出版供应链也具有很大的不同，如图 7–3 所示。

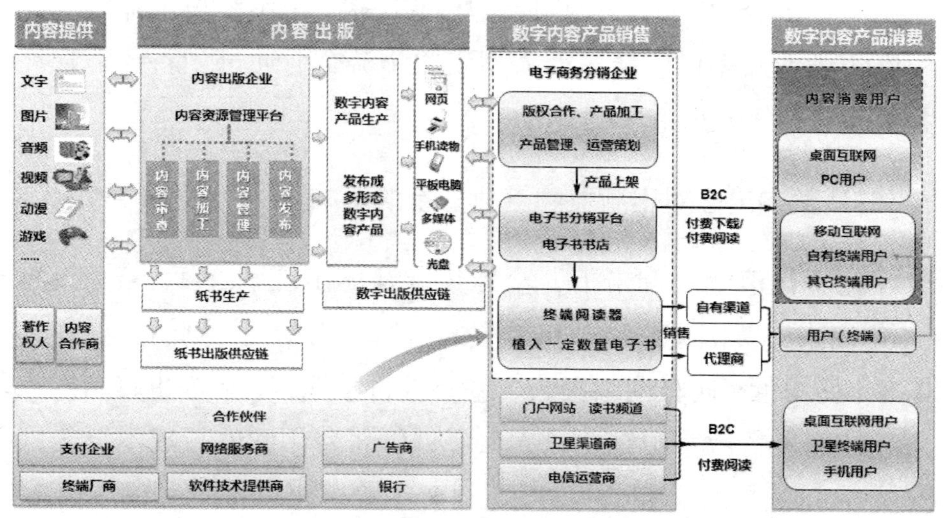

图 7–2　数字化环境下出版业供应链

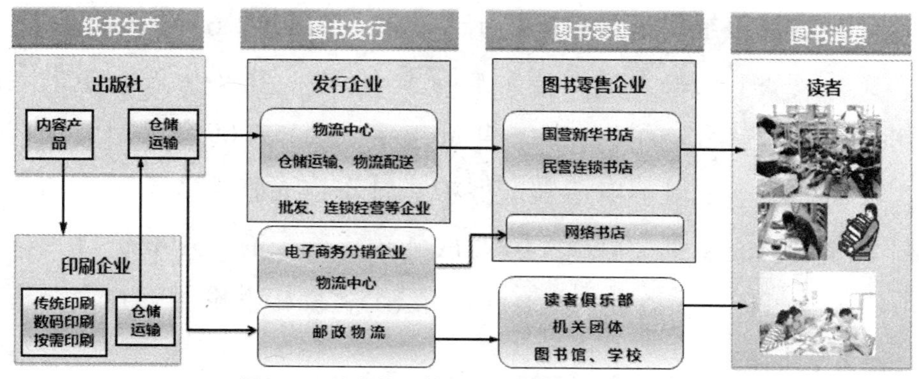

图 7–3　数字化环境下纸质图书出版供应链

数字化环境下，互联网、移动互联网、电子商务、数字出版等技术的发展和应用，给我国出版业带来了巨大的挑战和良好的发展机遇。我国出版业应增强供应链意识，增强物流意识，培育核心企业，实现供应链整合、创新和重构，积极推动新型供应链建设，建立供应链各节点企业之间长期友好的协作关系，发挥各自的优势，保证实物流、信息流、资金流、商流在供应链当中通畅地运作，以大大提高供应链管理水平，达到“双赢”或“多赢”的目的。

出版业供应链的重构无疑会给出版业物流企业带来影响，特别是大型出版物流企业在出版业供应链中的地位、作用和角色都将发生变化。在出版业新型供应链中，大型出版物流企业通过创新经营管理模式是实现可持续发展的关键。

（二）数字出版对出版业物流业务量的影响

在数字化浪潮的冲击下，全球传统媒体出现了逐年下滑的趋势。2008 年以来，美国具有 150 年历史的《洛基山新闻》倒闭。同样具有 100 多年历史的《西雅图邮报》、《基督教科学箴言报》等也宣布停止印刷版，转而发行数字报纸，以大大降低纸张费用和发行成本。美国皮尤研究中心公布的研究数据显示 2008 年美国报纸平均利润下降 14%（见图 7–4）。美国报纸发行量审核署（Audit Bureau of Ireulations）2009 年报告的报纸发行量数据显示，2009 年 4~9 月 6 个月时间里，美国 379 家报纸平均每天的发行量下降了 10.6%。世界上发行量最大的月刊型杂志《读者文摘》自 2005 年起连年亏损，2009 年 8 月终因广告收入大幅下挫，不得不申请破产保护。日本也面临传统书报刊销售额大幅下降的局面，到 2009 年 10 月底，销售额只有 16196 亿日元，同比下降 4%。2010 年，日本就有 40 多家出版社相继倒闭，专家分析认为，其主要原因是电子书籍的普及。

美国的数字出版呈现出逐年增长的趋势。早在 20 世纪 70 年代，美国出版业就开始了数字化转型。目前，美国 82%以上的出版企业都开展了电子书业务，特别是美国六大出版商兰登书屋（Random House）、阿歇特（Hachette Book Group）、培生（Pearson Education）、

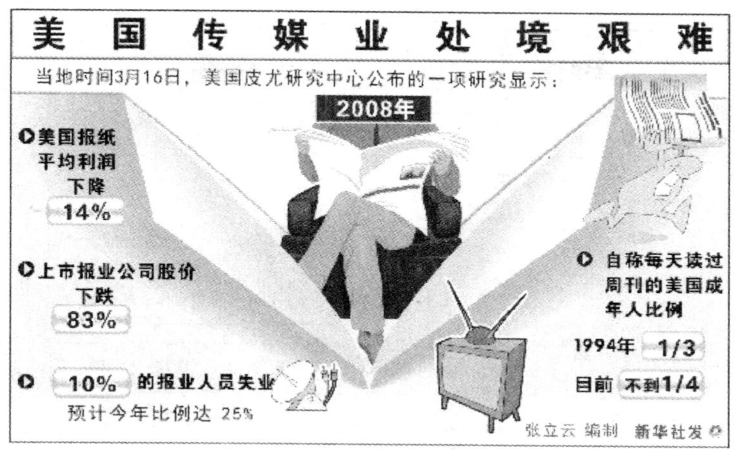

图 7-4 美国报业 2008 年状况[①]

哈伯·柯林斯（Harper Collins）、圣智（Cengage Learning）、麦克米伦（Macmillan USA）都开发出了具有特色及成长性的数字出版产品。据美国出版商协会统计，从 2009 年第 4 季度至 2010 年第 3 季度，在传统出版物市场销售减少的情况下，电子书的总销售额增长了 70%，其中仅 2010 年兰登书屋电子书销售额同比增长就高达 250%。美国的电子图书增长很快，2008 年销售额达到 5240 万美元，同比 2007 年增长 60.7%，2009 年达到 1.42 亿美元，同比 2008 年增长 170%，2010 年前 3 个季度，电子书批发贸易收入达到 3.04 亿美元。图 7-5 所示为 2008 年美国电子书和纸质图书的年增长率对比情况，说明纸质图书较 2007 年出现了负增长，相反电子书的增长较快。图 7-6 为 2002~2010 年第 3 季度美国电子书批发贸易收入季度增长图。[②]

2011 年 9 月 28 日，亚马逊创始人兼 CEO 杰夫·贝索斯在新品发布会上提到，2010 年 7 月起，亚马逊电子书的销量就超过了纸质图书。同时还公布了一张图表——亚马逊历年来销售的实体书与电子书增长对比。如图 7-7 所示，亚马逊电子书销量的增长速度要远远高于实体书。

---

① 美国 379 家报纸平均日发行量下降 10.6%，http：//cd.qq.com/a/20100110/000889.htm.

② 国际数字出版论坛（IDPF），http：//www.idpf.org/doc_library/industrystats.htm .

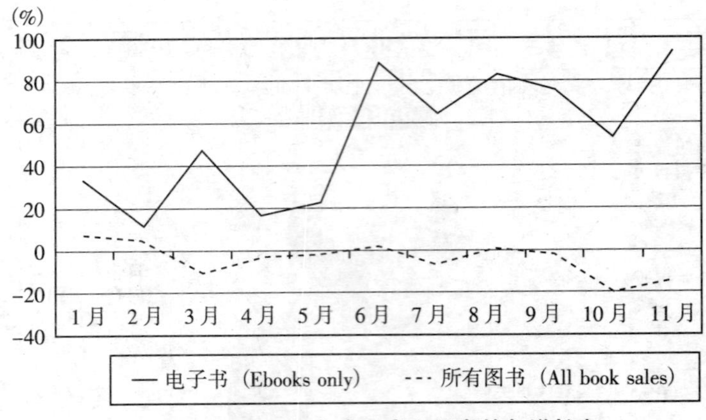

图 7–5　美国 2008 年电子书和纸书的年增长率

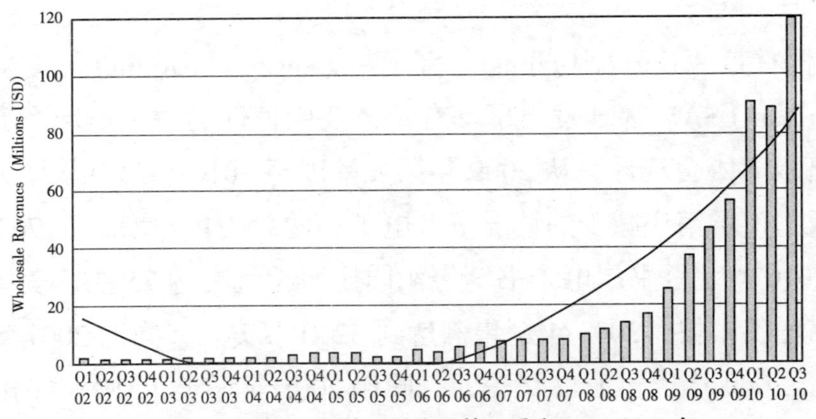

图 7–6　美国 2010 年第 1 季度至第 3 季度 2002~2009 年
电子书批发贸易收入季度增长比较图

在国内数字出版对传统出版带来的冲击并不明显，这一方面和国家“文化强国战略”带来的文化产业整体市场增长有关；另一方面，我国数字出版产业还处于快速发展期。网络游戏、网络广告和手机出版表现出了强劲的发展势头，但书、报、刊数字出版由于受版权保护、技术标准、商业模式等问题的制约，发展速度相对来说要迟缓一些。但在数字出版的冲击下，传统纸质书、报、刊的发行量总的来说会呈逐年下降趋势。其中，电子书包将对教材带来巨大冲击。

“电子书包”作为教育信息化的重点工程之一，受到了国家的高度

— 实体书销售（Ebooks only） — 电子书销售（Kindle Books Sold）

图 7-7 亚马逊历年来销售的实体书与电子书增长对比[①]

重视。2011 年 4 月末，新闻出版总署《新闻出版业“十二五”时期发展规划》正式发布，第一次将“电子书包研发工程”列入“十二五”重大工程项目。该规划指出，通过电子书包及配套资源数字化工程提高教学资源重复使用率，推动节能减排，形成内容丰富、互动性强、易于学生使用、符合青少年阅读习惯的数字教学出版体系，推动电子书包的发展。

电子书包的发展和应用已成为全世界共同的趋势。据克里夫兰市场咨询公司的调查报告，迄今至少有 50 个国家（地区）计划推广电子课本、电子书包，市场潜力巨大，其潜在市场规模达 1000 亿美元。谷歌、苹果、索尼等全球信息产业巨头纷纷抢滩，以占得市场先机。美国微软公司声称，已将电子书包列入重点发展项目，并将不断更新电子书包，推广电子书包已是大势所趋。早在 2000 年初，新加坡教育部门就开始在一些中小学校推广“电子书包”，中国台湾在 2002 年就有比较完整的电子书包计划，2003 年，香港特区 10 所小学正式推行“电子书包”试验计划，经过一年试验，“电子书包”计划效果良好，开始向全港 1000 多所中小学推广。2009 年 6 月，美国加州州长阿诺·施瓦辛格计划分阶段让州立的各级学校舍弃传统纸质课本，转而让学生使用电子书包。马来西亚登嘉楼州政府也将开始向州内 324 所小学的

①亚马逊电子书与纸质书销量惊人对比，http：//www.techweb.com.cn，2011-09-29.

2.5 万名五年级学生免费提供电子课本，以此取代现有的纸质课本。韩国也将在 2012 年让所有的学生放弃纸质书本，而将以电子书包取而代之。

2011 年 11 月，上海电信与上海虹口区教育局、英特尔公司和微创公司就共建“基础教育电子书包”项目签订协议，试点项目首期覆盖虹口区 8 所中小学校和一所幼儿园，涉及 760 余名学生。最近，电子书包在虹口区内将新增试点学校 30 所，且将步入金山区各学校的课堂，预计覆盖人数新增 3000 人。继上海虹口区试点项目之后，目前，江苏、陕西、山西等省市已开始电子书包的试点工作。

随着电子书包的推广和普及，占据着传统出版业半壁江山的教材、教辅类出版物将会受到巨大冲击。从长远的发展来看，传统的纸质出版将会呈逐年下降趋势。

传统纸质出版的萎缩将直接影响到出版物流企业的物流业务，对出版物流企业带来生存压力。尽管目前数字出版对大中型出版物流企业并没有带来实质性的影响，但在未来的发展中，这种影响是毋庸置疑的。

数字化环境下，出版业物流企业的并购、重组、联盟合作和供应链重构等是出版业物流实现可持续发展的重要策略和途径。

三、大型出版物流企业可持续发展策略

（一）第三方物流服务商发展模式

第三方物流服务商一般是由传统的功能性物流业务提供商通过拓展业务范围、增加服务内容而形成的物流服务公司。

数字化环境下，数字出版的快速发展给出版物流企业的物流业务

带来了直接的影响。在未来的发展中，出版物流企业的图书物流业务将会逐步缩减。

面对数字出版带来的挑战，大型出版物流企业可以通过拓展业务范围、增加服务内容，利用过剩的物流能力向社会提供物流服务，从而发展成为第三方物流服务企业。

2011 年 7 月 6 日，卓越亚马逊宣布正式推出“我要开店”和“卓越亚马逊物流”服务，这意味着卓越亚马逊正式成为第三方物流服务提供商。

“我要开店”是卓越亚马逊向第三方卖家开放的电子商务平台。和淘宝商城相比，该平台最大的特点是任何第三方卖家无须任何投入(不需要缴纳加入费、年费和平台使用费等)，就可以在该平台上开店销售商品。同时，还可以利用卓越亚马逊提供的仓储、发货、配送和售后服务。卓越亚马逊按“仓储费”+“每单配送费”收取物流服务费用。卖家可以自由选择是否选用卓越亚马逊的物流服务。不过，选用卓越亚马逊物流，服务更有保证，成本更低廉。

目前，我国有大型出版物流中心 20 多家，未来 3~5 年，出版物流将不能满足大型出版物流企业的业务需求。大型出版物流企业向第三方物流服务商发展，利用过剩的物流能力向社会提供物流服务是出版物流企业实现可持续发展的一条重要途径。

（二）战略联盟、并购、合作发展模式

大型出版物流企业转变为第三方物流企业，势必要融入到物流市场的竞争环境。因此，大型出版物流企业如何提高物流客户服务水平是其能否实现可持续发展的关键。

从核心能力来看，第三方物流企业大致分为五个类别：以提供运输服务为主、以信息和系统集成为主、以提供仓储服务为主、以提供港口/铁路终端服务为主以及电子分销商。

从全球范围来看，没有一家第三方物流企业同时具备上述五个方面的物流服务能力，也没有一家第三方物流企业能够在多个地区成为多种行业的物流提供商。

从发展趋势来看，物流提供商竞争能力提高的关键在于合作。通过战略联盟、并购和合作等方式实现优势互补，形成跨行业、跨地区的物流服务网络，为客户提供多功能的、全方位的物流服务，以争取更多的客户，赢得市场竞争。

新闻出版总署署长柳斌杰在 2012 年全国“两会”期间接受记者采访时指出：我们计划把国有新华系列的书城、书店、网络整合起来，由过去两大松散的协作联盟变成统一的经营实体，打破全国出版物流通渠道条块分割、地方封锁的局面，形成大流通体系。届时，各省区市已经形成的资产将采用股份制方式进入，不剥夺原有资产，不改变产权关系，只改变经营方式，市场对外统一开放，发行网络全国联通。

在建设大型发行物流经营实体的同时，要对现有流通体制进行改造，使其成为真正的现代物流，实现集中配送、连锁经营、电子商务、统一结算的体系，提高经营效率。要建设适合图书、报刊、音像制品流通特点的快递系统，提高效率，加大快递系统建设，利用现代交通工具建成投送体系。将来不完全依靠单一的邮政渠道，而是多种物流高效竞争。此外，建设大量配送点和配送仓库，降低流通成本，使消费者真正得益。①

整合“新华”系列资源，建设大型出版业物流经营实体，加强物流企业之间的联盟、合作，优势互补，形成跨地区的图书物流服务网络是出版业物流整体提高竞争能力和服务水平，实现可持续发展的重要举措。同时，对积极推进我国文化产业的发展，提高文化影响力，实现文化走出去和文化强国战略具有十分重要的战略意义。

---

① 新闻出版总署拟建大型物流实体，http：//finance.chinanews.com/it/2012/03-12/3734798.shtml.

附 录

附录 1　出版企业物流及物流服务需求调查问卷

您好！感谢您在百忙之中抽出时间参与这次问卷调查。

填写说明：请对所选答案打“√”（若无特别标注即为单选），或在横线处填写相应内容。

1. 贵社的员工人数？

A. 100 人以内　　B. 101~300 人　　C. 300 人以上

2. 贵社的年销售码洋？

A. 1 亿元以下　　B. 1 亿~5 亿元

C. 5 亿~10 亿元　　D. 10 亿元以上

3. 贵社是否设有自己的仓库？仓库面积？（如选 A 请作答完整）

A. 有，面积__________平方米　　B. 无

4. 贵社是否设有物流职能部门，部门人数及主要职能？（如选 A

请作答完整）

A. 有

部门人数：a. 5 人以内　　b. 5~10 人　　c. 10 人以上

主要职能：________________

B. 无

5. 贵社是否配备运输设备？

A. 是　　B. 否

6. 贵社的运输设备能否满足日常配送需求？（如选 B 请作答完整）

A. 能　　B. 否，原因是________

7. 贵社的主要物流模式？

A. 第三方物流　　B. 自营物流

C. 两者兼而有之　　D. 其他________

8. 与贵社存在物流承包业务的企业类型是（可多选）：

A. 专业的出版物流企业　　B. 一般的社会物流企业

C. 运输承运公司

9. 贵社物流外包业务是否有固定合作单位？

A. 是　　B. 否（直接跳至第 11 题）

10. 贵社的物流外包固定合作单位是一家还是多家？

A. 一家　　B. 多家

11. 贵社与物流承包企业签署合同的期限一般为（可多选）：

A. 单笔合同　　B. 半年合同

C. 年度合同　　D. 长期合同（一年以上）

12. 与物流承包企业的费用结算方式：

A. 一次一清　　B. 按月结算

C. 按季度结算　　D. 按年度结算

13. 贵社与第三方物流企业的物流费用按什么结算？

A. 重量　　B. 包件数量

C. 运输里程　　　　D. 运输图书码洋的一定比例

E. 其他________

14. 贵社与第三方物流企业的仓储费用按什么结算？

A. 重量　　　　B. 包件数量

C. 包件体积　　　　D. 仓储图书码洋的一定比例

E. 其他

15. 贵社与批销物流中心是什么关系？

A. 销售关系　　　　B. 配送关系

C. 销售与配送　　　　D. 其他合作关系

16. 贵社与批销物流中心之间的物流费用由哪一方负担？

A. 出版企业　　　　B. 批销物流中心

17. 贵社出版物的运输业务主要由谁完成？

A. 从印刷厂运出：

a. 印刷厂　　　　b. 出版企业

c. 批销物流中心/企业　　　　d. 第三方物流企业

e. 其他________

B. 从出版企业仓库运出：

a. 出版企业　　　　b. 批销物流中心/企业

c. 第三方物流企业　　　　d. 其他________

C. 从批销物流中心/企业运出：

a. 批销物流中心/企业　　　　b. 第三方物流企业

c. 其他________

18. 贵社每年在仓储、运输方面支付的费用占销售码洋的比重：

A. 2%以下　　　　B. 2%~5%

C. 5%~10%　　　　D. 10%以上

19. 请您对物流企业提供的物流服务进行评价，在同意的栏目内打“√”。

考察项目	非常满意	满意	一般	不满意	非常不满意
及时性					
准确性					
完好率					
合作性					
价格合理性					
信息传递					
结算					

20. 请您在物流企业提供的服务中选出最重要的三项指标，在同意的栏目内打“√”。

考察项目	重要
及时性	
准确性	
完好率	
合作性	
价格合理性	
信息传递	
结算	

21. 贵社出版物物流信息主要由谁管理?

A. 出版企业　　B. 批销物流中心/企业

C. 第三方物流企业　　D. 其他________

22. 贵社出版物库存信息与相关企业间传递主要通过（可多选）:

A. 出版企业网络系统　　B. 批销物流中心/企业网络系统

C. 出版企业仓库入出库统计　　D. Internet（邮件、QQ 等）

E. 电子订货系统（供应商平台等）

F. 通信工具（电话、传真等）

23. 您认为出版企业在物流方面存在的主要问题有哪些?

____

____

____

____

24. 请您预计出版物物流今后的发展趋势。

____

____

____

____

您的单位：______________

非常感谢您的合作！

附录 2 出版物流企业调查问卷

您好！感谢您在百忙之中抽出时间参与这次问卷调查。本调查目的在于比较客观地了解本地区出版物流企业的基本情况，仅作为学术研究使用，不涉及企业机密，敬请放心填写。

填写说明：请在所选之处□内打“√”（若无特别标注即为单选），或在横线处填写相应内容。

1. 企业成立于____年。

2. 企业的注册资金为：

□1000 万元以下　　□1000 万~5000 万元

□5000 万~1 亿元　　□1 亿~5 亿元

□5 亿~10 亿元　　□10 亿元以上

3. 企业的员工人数为：

□100 人以下　　□100~200 人

□200~500 人　　□500 人以上

4. 近两年企业的营业额平均为：

□1000 万元以下　　□1000 万~3000 万元

□3000 万~1.5 亿元　　□1.5 亿~3 亿元

□3 亿元以上

5. 企业的主要功能都有哪些？请在相应栏打“√”。

功能	贵中心功能	功能	贵中心功能
仓储		包装	
运输		信息服务	
配送		货款回收	
批销		退货管理	
物流方案设计		展示	
加工		采购	

6. 企业的主要服务对象（可多选）：

□出版社　　□各类书店、书城、图书馆

□出版业以外的企业

7. 企业物流职能主要致力于满足：

□企业内部物流需要　　□企业外部（第三方）物流需求

□两者兼有

8. 企业的主要运营模式？

□仓储中心（以仓储为主）　　□配送中心（以运输为主）

□批销中心（以批销为主）　　□综合

□其他________________

问卷到此结束，再次对您的支持与帮助表示谢意。

附录 3 出版发行物流中心访谈调查表

1. 贵中心的规模：

从业人员数量________人；　　　　总投资________万元；

年营业收入________万元。

2. 贵中心的投资主体？

____

3. 贵中心隶属于：

A. 某出版集团　　　　B. 某出版企业

C. 某出版发行集团　　　　D. 某图书经销公司

E. 独立　　　　F. 其他

4. 贵中心的主要功能都有哪些？请在相应栏打"√"。

功能	贵中心功能	功能	贵中心功能
仓储		包装	
运输		信息服务	
配送		货款回收	
批销		退货管理	
物流方案设计		展示	
加工		采购	

5. 贵中心物流职能主要致力于满足：

A. 企业内部物流需要　　　　B. 企业外部（第三方）物流需求

C. 两者兼有

6. 贵中心的主要运营模式：

A. 仓储中心（以仓储为主）　　B. 配送中心（以配送为主）

C. 批销中心（以批销为主） D. 综合

E. 其他________________________________

7. 贵中心主要服务客户类型有：

A. 新华书店系统 B. 网络书店

C. 出版企业 D. 独立书店

E. 连锁书店 F. 图书馆

G. 其他________________________________

8. 贵中心的物流费用结算单位是依据（可多选）：

A. 重量 B. 包件数量

C. 运输里程 D. 运输图书码洋的一定比例

E. 其他________________________________

9. 贵中心对企业内部的配送服务是否收费？

A. 是 B. 否

10. 贵中心本地物流运输方与付费方或费用承担方？

请在相应的栏目内打"√"。

运输起点 → 目的地		出版企业发货 → 物流中心	物流中心配货 → 客户	客户退货 → 物流中心	物流中心退货 → 出版企业
运输方	出版企业或出版企业委托承运公司				
	物流中心				
	物流中心委托承运公司				
	客户或客户委托承运公司				
付费方	出版企业				
	物流中心				
	客户				

11. 贵中心外地物流运输方与付费方或费用承担方？

请在相应的栏目内打"√"。

运输起点 → 目的地		出版企业发货 → 物流中心	物流中心配货 → 客户	客户退货 → 物流中心	物流中心退货 → 出版企业
运输方	出版企业或出版企业委托承运公司				
	物流中心				
	物流中心委托承运公司				
	客户或客户委托承运公司				
付费方	出版企业				
	物流中心				
	客户				

12. 贵中心营业收入的主要来源有哪些？

A. 图书销售　　B. 仓储

C. 运输　　D. 其他

13. 贵中心是否设有专门的信息管理部门？

A.是　　B. 否

14. 贵中心的信息部门的主要职能包括以下哪几个方面？

A. 信息采集　　B. 信息加工处理

C. 信息平台服务　　D. 其他

15. 贵中心信息部门的信息主要涉及以下哪几个方面？

A. 图书基本信息数据

B. 内部存储部门的进、出、存数据

C. 各经销商客户进、销、存数据

D. 各出版企业客户进、出、存数据

E. 其他

16. 以下哪些方面的信息与出版企业共享？

A. 图书基本信息数据

B. 内部存储部门的进、出、存数据

C. 各经销商客户进、销、存数据

D. 出版企业客户进、出、存数据

E. 其他

17. 以下哪些方面的信息与您的经销商客户共享?

A. 图书基本信息数据

B. 内部存储部门的进、出、存数据

C. 经销商客户进、销、存数据

D. 各出版企业客户进、出、存数据

E. 其他

18. 贵中心的信息管理系统包括以下哪些功能?

A. 货物跟踪　　B. 电子自动订货

C. 销售时点系统　　D. 事务处理

E. 决策支持　　F. 其他

19. 贵中心应用了以下哪些信息技术?

A. 条码技术　　B. 电子数据交换(EDI)技术

C. 射频识别系统　　D. 全球卫星定位(GPS)系统

E. 地理信息系统(GIS)　　F. 其他

20. 贵中心物流设备目前是否已满负荷运转?

A. 是　　B. 否

21. 贵中心是否需要发展第三方物流?

A. 是　　B. 否

22. 贵中心在所处省市范围内,是否为最大的出版物流中心?

A. 是　　B. 否

23. 贵中心在所处省市范围内,是否是出版业供应链的核心企业?

A. 是　　B. 否

24. 您认为出版业专业化物流与社会化的物流相比在哪些方面有优势?

A. 信息服务　　B. 分拣、仓储与运输设备

C. 业内老客户　　D. 展示

E. 其他

25. 电子图书（非纸质图书，无须仓储和运输）、按需出版（可就地印刷，无须大量储备与长途运输）对大型出版物流中心有何影响?

A. 暂时没什么实质性的影响　B. 物流业务量已经逐步下降

26. 数字出版环境下，大型出版物流中心如何可持续发展？（可多选）

A. 控制设备投资

B. 发展跨行业的第三方物流服务业务

C. 其他

非常感谢您的帮助！

附录 4　基于供应链的出版社—发行企业联合库存管理模式探析*

夏　雨

（北京印刷学院，北京，102600）

摘　要： 联合库存管理是近年来提出的为解决"牛鞭效应"所提出的新的有代表性的库存管理模式，体现了供应链集成化的管理思想。而"牛鞭效应"则是长期以来制约我国图书供应链发展的核心问题，本文将联合库存管理思想引入我国传统图书供应链管理中，将改进后的图书供应链与传统供应链进行比较分析，并指出了实施的两点关键。

关键词： 图书供应链；联合库存管理

联合库存管理是为了规避传统库存控制中的"牛鞭效应"，在供应商管理库存（Vendor Managed Inventor，VMI）的基础上发展起来的上游企业和下游企业共担风险，共享信息，权责平衡的共同管理库存的模式。联合库存管理强调供应链中各个节点企业共同参与，共同制订库存计划，供应链中每个库存管理者在制订库存计划时不仅要考虑外部需求因素，还要考虑相互之间的协调性，使供应链内每个节点企业的库存管理者保持对需求预期的协调一致，各节点企业风险共担，信息共享，消除需求信息扭曲放大现象。联合库存管理模式对消除我国传统图书供应链中长期存在的"牛鞭效应"问题有很好的借鉴和指导作用。

加入 WTO 后，为了支撑和保障出版业的持续快速发展和积极参与国际竞争，国家新闻出版总署等主管部门提出"要大力推进连锁经营，加快图书流通体系建设"，"加强信息化、网络化和物流配送设施的建

* 基金项目：北京市哲学社会科学规划项目"北京地区出版发行物流企业运作模式研究"。

设”。[①] 尤其近几年来，我国图书业加快了产业的资源整合力度，加大了对信息基础设施的建设力度。一些省级行政区域在政府的引导下，以区域内新华书店的发行网络为基础，纷纷组建了一批大型图书发行集团，并投资建设了区域性的、规模化的现代图书物流中心。这都为我国图书供应链引入联合库存管理模式提供物质基础。

一、我国传统供应链和采用联合库存管理模式后图书供应链比较分析

我国传统图书供应链如图 1 所示：

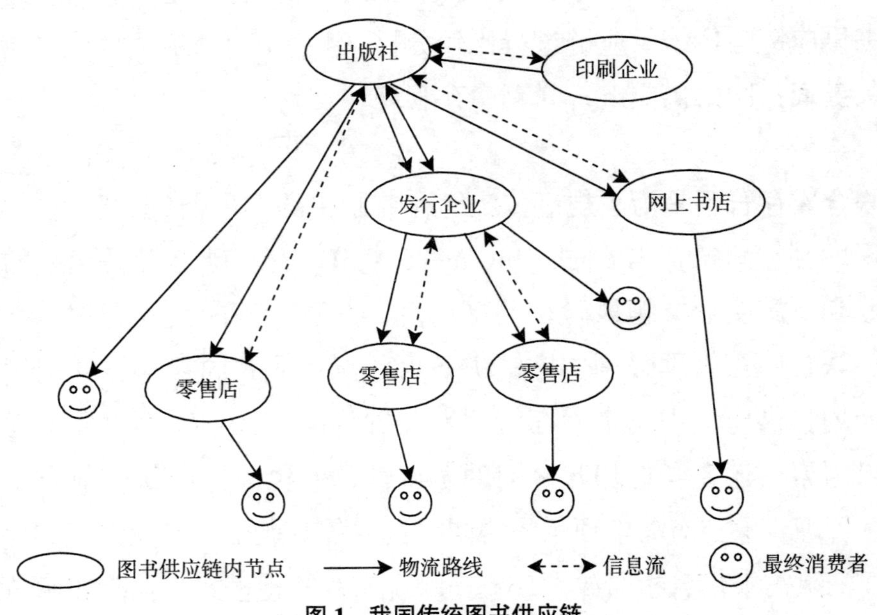

图 1　我国传统图书供应链

可以看到，在传统供应链中，出版社在对市场需求进行分析预测时，其主要依据是各发行企业提供的需求信息，再通过对历史信息的掌握，进而做出未来的图书市场需求预测；各地区发行企业则是结合

① 石宗源. 推进连锁经营，加快现代出版物流流通体系建设［J］. 出版发行研究，2002（1）.

各零售门店的订货量以及订立的安全库存策略来预测本区域内的图书需求；零售书店则是根据最终读者的需求预测和安全库存策略来预测订货量。链内各节点企业的库存各自为政，为避免缺货带来的损失，都会设置安全库存和进行需求预测，制定自己的库存控制策略。因此，不可避免地会产生需求信息在多层次供应链内向上游传输过程中产生逐级放大扭曲的现象，即“牛鞭效应”。需求放大效应会带来三种危害。首先，大量的图书库存会占用大量的资金成本、物资成本和人力成本。其次，会产生巨大的退货压力。出版社对市场需求预测不准确，需求的波动程度被放大，给出版社造成图书热销、供不应求的错觉，有可能使其盲目进行再版印刷，最终供给远大于实际需求。图书周期一旦过去或者市场因为意外突然降温，出版社将面临巨大的退货压力。最后，扭曲放大的需求信息使出版社难以对市场实际需求做出准确预测和正确决策，对市场需求波动不能做出快速反应，会导致用最终策划新图书产品时和市场需求脱节。

实行联合库存管理后的图书供应链如图 2 所示。

出版社的核心竞争优势在于其对图书资源、作者资源、编辑资源和出版资质资源的掌握。相较而言，发行集团在基础设施建设、物流管理等方面更为专业。特别是现在新投资建设的大型现代化图书物流中心在信息化、机械化、现代化方面程度更高，出版社和发行企业采用联合库存管理应采用以拥有一定图书储运能力的发行企业为主处理物流业务，出版社以降低对发行企业折扣的形式或者其他方式予以补偿，双方共同制定库存策略，需求信息共享的模式。采用联合库存管理后的所带来的优势有：

资源整合优势。联合库存管理实现了出版社和发行企业的优势互补，双方资源得到充分利用。剥离物流业务后可以更有利于出版社集中资源优化其图书产品，更新出版理念，增强其核心竞争力。发行企业可以更好地充分利用其现有资源进行规模化经营。

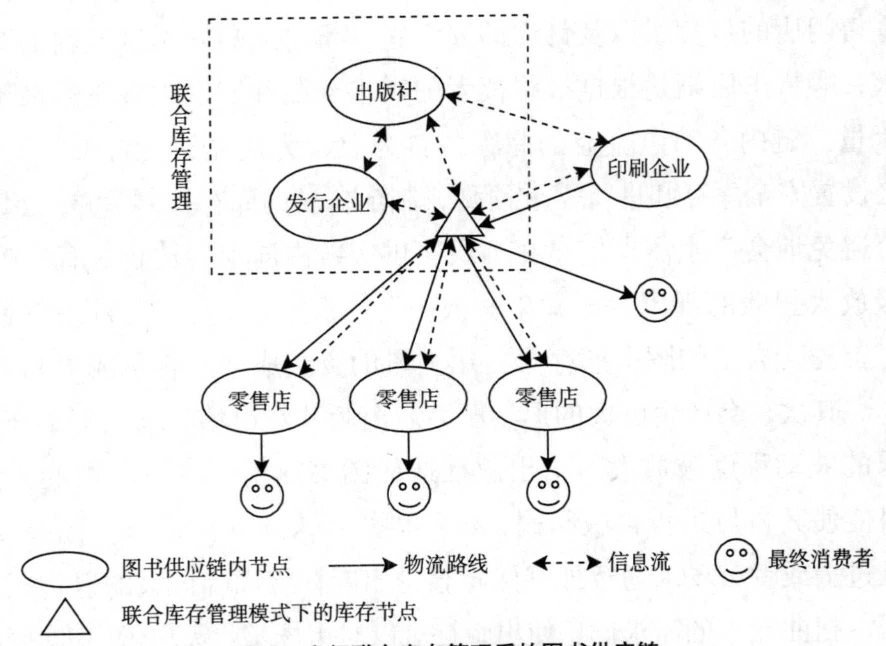

图 2　实行联合库存管理后的图书供应链

信息传输优势。联合库存管理的关键在于出版社和发行企业可以实现信息共享，这样可以保证出版社可以及时准确地掌握到市场需求信息，有利于出版社进行信息挖掘，使出版社在进行产品选题策划时围绕顾客需求的变化而开展。

物流效率优势。采用联合库存管理后出版社和发行企业对库存进行联合管理，共同制订库存计划，能够有效降低库存，消除“牛鞭效应”。并且采用联合库存管理后，图书直接从印刷厂运到库存节点，然后依据各门店需求信息转运到零售店，运输环节减少，整个流通过程更有效率。

成本节约优势。联合库存管理减少了供应链内图书储运环节，减少链内库存，直接降低了整体的物流成本。

战略联盟优势。联合库存管理的实施是以双方企业的充分信任和合作为基础实施的，有效地加强了出版社和发行企业的联系与合作，为图书供应链带来竞争优势。

二、联合库存管理实施的关键

1. 建立有利于长期合作的利益分配机制

假设图书供应链内只有两个企业——出版社和发行企业，并且只有一种图书在流通。退货成本包含在物流成本中，物流成本独立于企业运营成本核算。开展联合库存管理后主要由发行企业负责库存的管理，所发生的物流成本由出版社以降低折扣形式予以补偿。用 c_1、Δc_1、π_1、r、P、Q 分别表示出版社的非物流成本、物流成本、利润、对发行企业的折扣、图书定价、印刷量。用 c_2、Δc_2、π_2 分别表示发行企业的非物流成本、物流成本、利润。开展联合库存管理后的折扣率为 r^*，供应链内发生的物流成本为 Δc^*，出版社与发行企业新的利润为 π'_1、π'_2。前面分析，联合库存管理可以带来成本优势，因此 $\Delta c^* < \Delta c_1 + \Delta c_2$，进而 $\pi'_1 + \pi'_2 > \pi_1 + \pi_2$，既采用联合库存管理后链内企业总利润要大于未采用联合库存管理时的链内企业总利润。为使这一模式继续采用下去，必须使 $\pi'_1 \geqslant \pi_1$、$\pi'_2 \geqslant \pi_2$ 同时成立。可以推导出：

$$r - \frac{\Delta c_1}{PQ} \leqslant r^* \leqslant r - \frac{\Delta c_2^* - \Delta c_2}{PQ}$$

通过这个公式可以看到采用联合库存管理模式后出版社对发行企业新的折扣是有上下限的，如何在这个上下限的范围内选择一个让双方都满意的折扣率，即建立一个有效的利益分配、激励机制是整个模式得以维持的关键。

2. 搭建透明的信息沟通平台，实现信息共享

信息共享是实现风险共担的基础条件，因此建立和完善出版社和发行企业合作过程中信息共享机制也是联合库存管理模式得以实施的关键。为了提高整个供应链的需求信息的一致性和稳定性，减少由于

多重预测导致的需求信息扭曲，应增加供应链各方对需求信息获得的及时性和透明性。整个供应链通过构建库存管理网络系统，使所有的供应链信息与供应处的管理信息同步。为此应建立一种信息沟通的渠道或系统，以保证需求信息在供应链中的畅通和准确性。

三、总结

联合库存管理协调机制可以有效降低库存水平，优化供应链内物流流程，加强链内各节点企业合作关系，提升供应链的整体竞争优势。实行联合库存管理或许是今后我国图书供应链发展的重要方向。

参考文献

[1] 林自葵，汝宜红，郑凯. 我国图书物流的现状与发展对策 [J]. 图书·情报·知识，2004 (4)：45~47.

[2] 张家善. 论联合库存控制 [J]. 现代商贸工业，2009 (3)：27~28.

[3] 洪璇. 浅析图书供应链中的“牛鞭效应” [J]. 探索与研究，2010 (7)：94~95.

附录5 出版业互惠式供应链物流模式构建*

王海云 费秀红

（北京印刷学院，北京，102600）

摘 要：随着电子商务的快速发展以及大型出版发行物流中心的相继开业运营，出版业物流形成了多种多样的物流模式，表现出集中式的内部供应链特征和顺序式的纵向一体化供应链特征。但严格地讲，我国现行出版业的供应链，只是一条产业链或形式上的供应链，还没有形成实质性的供应链。这也正是物流中心局部效率提高了，但出版业整体物流成本居高不下的主要原因所在。互惠式供应链借鉴信息共享站概念和战略联盟思想，按照互惠式相互依赖型信息共享模式、联合库存管理模式，以各省市大型出版物流中心为主要节点，将各省市独立的、封闭的出版供应链连接在一起，通过公共物流信息平台，实现信息共享、库存共享和物流设施资源共享，实现跨地区资源整合与协作，提高物流设施利用率和物流效率，进而实现供应链价值最大化。

关键词：出版业物流；互惠式供应链；物流模式

* 北京市哲学社会科学“十一五”规划项目：北京地区出版物流企业运作模式研究；项目编号：09AbJG301。

The Reciprocal Supply Chain Logistics Model Construction of Publishing Industry

Wang Haiyun　Fei Xiuhong

(Beijing Institute of Graphic Communication, Beijing, 102600)

Abstract: With the rapid development of e-commerce and the open of large publishing industry logistics center, publishing industry has a wide range of forms showing the central features of the internal supply chain and order-like characteristics of the vertical integration supply chain. However, strictly speaking, our current publishing industry supply chain is just a chain or supply chain in form which hasn't formed a substantial supply chain. This is exactly the reason why a part of the distribution center has improved his efficiency, but the publishing industry as a whole still cost high. Reciprocal mode supply chain references the concept of information sharing and strategic alliances. In accordance with reciprocal interdependent information sharing, joint inventory management model to large-scale publication of provinces and cities as the main logistics center node, the independent and closed publishing supply chains are brought together. Through public logistics information platform, information sharing, inventory and logistics facilities sharing and collaboration to achieve regional integration of resources, it improves the utilization of logistics facilities and logistics efficiency to maximize the value of the supply chain.

Keywords: Publishing Industry Logistics; Reciprocal Supply Chain; Logistics Model

供应链指的是从供应商到最终使用者的增值流程。形式上的供应链存在于各行各业，但只有实质性的、管理与运营良好的供应链才能真正达到“增值”与“共赢”。不幸的是我国出版业供应链还停留在形式上，局部的或内部的物流效率提高了，但整体的物流费用水平仍然居高不下。

供应链管理从供应链整体出发，管理上游供应商和下游客户，以更低的成本传递给客户更多的价值。[1] 供应链管理思想是物流管理的扩展，是实现高效率、低成本物流的重要指导思想。为此，要想提高出版业的物流管理水平，有必要从供应链角度对现行物流模式进行分析。

一、现行出版业物流模式的供应链特征

现行出版业物流模式多种多样，其主要特征如下：

1. 形式上的而非实质性的供应链

日本中盘商依靠先进的计算机水平使自己成为行业巨人，为整个行业建立信息平台提供了基础；美国从出版到中盘再到零售各环节都存在着强势企业，Amazon 凭借先进的电子商务平台以及强大的物流配送系统，使库存始终保持在一个较低的水平。[2] 我国现行出版业的供应链，严格地讲，只是一条产业链或形式上的供应链，还没有形成实质性的供应链，因为没有核心企业，没有真正的信息平台，距离实现供应链整体价值最大化的供应链管理目标相会甚远。

2. 集中式的内部供应链

我国以新华书店系统模式、网上书店系统模式为代表的出版业物流模式，带有明显的集中式的内部供应链特征。每个系统都很先进、完善，甚至物流、商流、资金流、信息流“四流合一”，但只限于系统内部。其物流中心多为成本中心，以满足本企业内部物流需要为主。各物流中心都设定有“集散”功能，但“集”的过程，是由供应商完成的。也就是说，在这种封闭的内部供应链模式下，尽管出版社将一定比例的图书交由新华批销中心这样的出版发行公司销售，但从出版社到批销中心的物流多由出版社自行解决。

3. 顺序式的纵向一体化供应链

纵向一体化通常意味着拥有上游供应商和下游客户的所有权。我国近几年组建的出版集团多为供产销一体化的大而全组织。尽管有些出版集团只是形式上的“集”，但多数还是有所整合，其物流中心多负责集团旗下出版社图书的储运、收发、退货等工作，表现为顺序式的纵向一体化供应链，如图 1 所示。

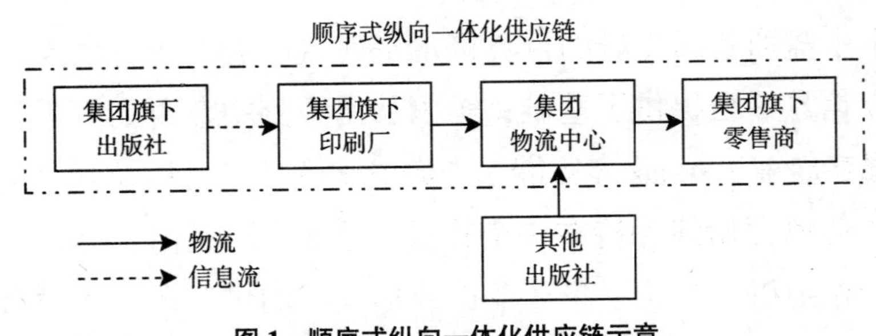

图 1　顺序式纵向一体化供应链示意

二、互惠式供应链的理论基础

互惠式供应链主要基于信息共享组织模式、信息共享站概念、联合库存管理模式和战略联盟思想。

库玛尔·迪塞尔[3] 将供应链成员间信息共享系统组织模式分为三种类型：集中式相互依赖型、顺序式相互依赖型和互惠式相互依赖型。其中互惠式相互依赖型如图 2 所示。

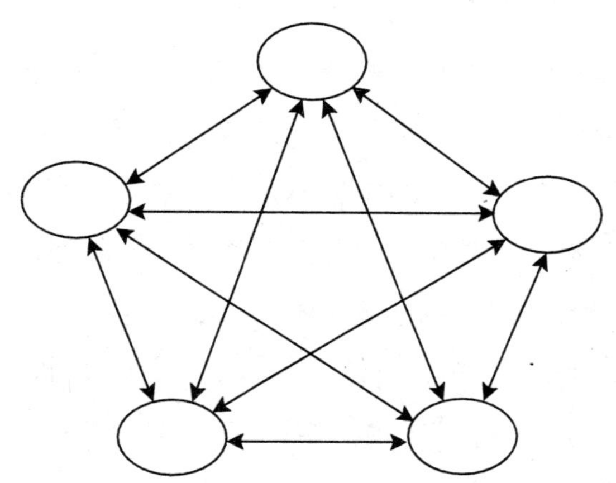

图 2 互惠式相互依赖型信息共享系统组织模式

信息共享站是最近几年日本的物流中心发展出来的概念。就是全国的出版社、书店和物流公司携手构建出版物供应链管理体系，以物流中心为数据传输节点和中转核心，相互之间信息实时共享，共同做好出版物流通工作。[4]

联合库存管理是为了规避传统库存控制中的“牛鞭效应”，在供应商管理库存的基础上发展起来的上游企业和下游企业共担风险、共享信息、权责平衡的共同管理库存的模式。基于出版业物流，夏雨 [5] 提出了出版社——发行企业联合库存管理模式，并强调应采用以拥有一定图书储运能力的发行企业为主处理物流业务。

由美国 DEC 公司总裁简·霍兰德和管理学家罗杰·奈格尔提出的战略联盟是企业组织关系中的制度创新，它强调企业之间关系的战略性调整，变对立竞争关系为合作竞争关系，以建立企业相互间的战略联盟。

三、构建互惠式供应链的必要性与可行性

1. 构建互惠式供应链的必要性

我国近十年出版产业从出版商到批发商、零售商都在建设各自的物流中心，且投资大，功能完善。物流中心局部效率上去了，但物流的成本费用仍然居高不下，不仅大大落后于发达国家水平，而且落后于我国社会物流平均水平。究其原因，主要有以下两点：

一是以前的物流费用高，与设备落后、效率低下、人工成本高有关，但大笔的投资之后，意味着折旧费用大幅度提高。1 亿元的物流设施投资，按平均 20 年的折旧年限计算，每年折旧费用就是 500 万元，如果配送收费每包件 20 元，每包件平均 1000 码洋，那么，仅为弥补折旧，就需要配送 25 万件计 2.5 亿码洋。而出版物流中心的实际投资多在 2 亿元以上。

二是如果用供应链概念加以考量，我国出版业尚未形成实质性的供应链，形式上的各节点企业以及各个封闭的内部供应链多以自身利益为目标，缺乏合作和统一的协调机制，或丧失销售机会，或承担大量库存与退货，无法保证整个供应链的低成本、高效率运行。必须认识到供应链的概念不仅是“物流”的简单扩展。物流管理主要涉及企业内部的最优化，而供应链管理则认为实现内部一体化是远远不够的。[1]世界发达国家出版物流企业呈现新的特点之一是出版物流企业的结盟。以便在没有大量资金投入的前提下，扩大为客户服务的地理覆盖面，实现低成本、高质量的运作。[6]

我国地域辽阔，覆盖全国的物流中心建设定位不可取。为此，出版业要想在提高物流效率的同时，降低物流成本，必须改变各自独立的物流运行模式，充分利用近几年投资的物流设备设施，构建行之有效的互惠式供应链，进行跨地区资源整合与协作。

另外，近几年数字出版发展迅速，加上按需印刷、异地印刷等新的技术与方法的运用，终究会导致纸质图书出版及其跨区域运输需求下降。基于此，出版业物流的发展，不是进一步加大投资，更没有必要跨地域建立物流中心。而是如何使已经建成的大型物流中心满负荷运转，实现最初的功能定位，充分发挥其设备设施优势，变“企业物流”为“物流企业”，提供标准的物流服务，力争成为业内供应链的核心企业。

2. 构建互惠式供应链的可行性

互惠式供应链的关键主要是标准化、信息共享、诚信与协作。这些条件在新华书店系统基本上是具备的。

首先，自 20 世纪 50 年代构建的新华书店系统原本就是计划经济的产物，尽管存在区域割裂，但各省犹如兄弟，有很好的沟通与协作基础。而且，已有打破地区分割、成功实现跨地区经营的先例，如辽宁北方出版物配送有限公司与内蒙古新华书店集团的“双赢”合作。

其次，经过近十年的建设，我国除个别省份外，其他各省新华书店系统都拥有大型物流中心，且其软硬件设施大多按照“商流、物流、信息流、资金流”四流合一的高度集成标准配置，实现了数字化、电子化和网络化，在所处省市范围内，多为最大的出版物流中心、出版业供应链的核心企业。

再次，新华书店系统的物流对象主要是图书和音像制品，其数据信息有其特殊性与共性，稍加规范化即可实现本系统的信息共享。

最后，随着物联网技术、UPS 技术、网络技术、电子商务等的快速发展和公共物流信息平台（PLIP）的建立，出版业实现“商流、物流、信息流、资金流”四流合一已不存在技术问题。英国麦克米伦出版公司在过去的几年中，电子数据交换系统经过不断开发和升级，现在可以支持电脑退货。辽宁北方出版物配送有限公司通过计算机网络进行订货、发货、结算和业务信息交流，实现了对供应链全过程的服务和实时监控。

总之，各省市的大型出版物流系统尤其是新华书店系统完全有条件构建互惠式供应链，通过协议规范业务流程、搭建公共物流信息平台、统一结算系统来构建战略合作伙伴关系，利用当地的出版物流中心资源，形成规模优势和区域优势，节省异地建设物流中心成本，提高物流设施利用率和物流效率，进而实现供应链价值最大化。

四、互惠式供应链物流模式构建

物流是一种规模经济，但超出一定的半径范围也是不经济的，而信息共享没有时空限制。互惠式供应链借鉴信息共享站概念和战略联盟思想，按照互惠式相互依赖型信息共享模式、联合库存管理模式，以各省市大型出版物流中心为主要节点，将各省市独立的、封闭的出版供应链连接在一起，通过公共物流信息平台，实现信息共享、库存共享、物流设施资源共享。如图 3 所示。

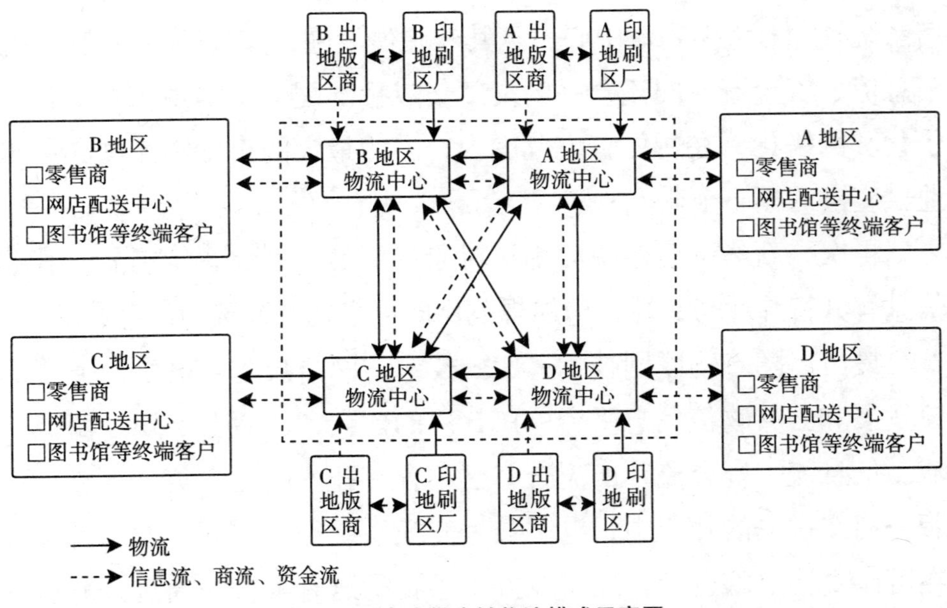

图 3　互惠式供应链物流模式示意图

各节点企业通过协议规范业务流程和信息内容，约定相互服务条款与收费标准，通过电子数据交换，实现正向物流、逆向物流合二为一，信息流、商流和资金流三流合一，同时利用 EDI 的辅助预测功能，减少供应链系统冗余。借鉴网络书店系统模式，对相关企业提供补货、存货、销售等实时信息，就近补货。

结束语

互惠式供应链的有效运行，前提条件是标准化、信息化、诚信与协作。除此之外，还需要强调以下两点：

一是作为成本中心运作的物流中心应实行有偿运输与配送，建立利润中心，独立运作，并从垂直一体化向水平一体化过渡。这样有利于提高成本意识，提高效率与效益，使之逐步成为第三方物流企业。

二是为更好地组织物流资源配置，有必要引进第四方物流，提供全面的供应链解决方案。我国新华系统的大型批销物流中心一般设有信息中心，可以发展成为这种提供第四方物流的供应链集成商，实现成为区域性中盘商的新华物流目标。

参考文献

[1] [英] 马丁·克里斯托弗.物流与供应链管理 [M]. 何明珂，等译. 3 版. 北京：电子工业出版社，2009.

[2] 程肖芬. 我国图书出版业供应链管理研究 [J]. 编辑之友，2009 (8).

[3] Kumar K.，Dissel，H. G. van. Sustainable Collaboration：Managing Conflict and Cooperation in Inter-organizational Systems [J]. MIS Quarterly，1996 (9).

[4] 陈磊. 日本的图书物流中心 [N]. 中国新闻出版报，2010-03-01.

[5] 夏雨. 基于供应链的出版社——发行企业联合库存管理模式探析 [J]. 学习月刊，2011 (06).

[6] 李敏. 我国现代出版物流的建设与发展 [J]. 出版与印刷，2009 (4).

附录 6 国务院《物流业调整和振兴规划》

国务院关于印发物流业调整和振兴规划的通知

国发［2009］8 号

各省、自治区、直辖市人民政府，国务院各部委、各直属机构：

现将《物流业调整和振兴规划》（以下简称《规划》）印发给你们，请结合本地区、本部门实际，认真贯彻执行。

当前，国际金融危机对我国实体经济造成了较大冲击，物流业作为重要的服务产业，也受到较为严重的影响。制定实施物流业调整和振兴规划，不仅是促进物流业自身平稳较快发展和产业调整升级的需要，也是服务和支撑其他产业的调整与发展、扩大消费和吸收就业的需要，对于促进产业结构调整、转变经济发展方式和增强国民经济竞争力具有重要意义。

各地区、各部门要把思想和行动统一到党中央、国务院的决策部署上来，以邓小平理论和“三个代表”重要思想为指导，深入贯彻落实科学发展观，进一步增强大局意识、责任意识，加强领导，密切配合，切实按照《规划》要求，做好统筹协调、改革体制、完善政策、企业重组、优化布局、工程建设等各项工作，确保《规划》目标的实现，促进物流业健康发展。

各地区要按照《规划》确定的目标、任务和政策措施，结合当地实际抓紧制订具体工作方案，切实抓好组织实施，确保取得实效。国务院各有关部门要根据《规划》明确的任务分工和工作要求，做到责任到位、措施到位，加强调查研究，尽快制定和完善各项配套政策措施，切实加强对《规划》实施的指导和支持。

国务院

二〇〇九年三月十日

物流业调整和振兴规划

物流业是融合运输业、仓储业、货代业和信息业等的复合型服务产业，是国民经济的重要组成部分，涉及领域广，吸纳就业人数多，促进生产、拉动消费作用大，在促进产业结构调整、转变经济发展方式和增强国民经济竞争力等方面发挥着重要作用。

为应对国际金融危机的影响，落实党中央、国务院保增长、扩内需、调结构的总体要求，促进物流业平稳较快发展，培育新的经济增长点，特制定本规划，作为物流产业综合性应对措施的行动方案。规划期为2009~2011年。

一、发展现状与面临的形势

（一）发展现状

进入新世纪以来，我国物流业总体规模快速增长，服务水平显著提高，发展的环境和条件不断改善，为进一步加快发展奠定了坚实基础。

1. 物流业规模快速增长。2008 年，全国社会物流总额达 89.9 万亿元，比 2000 年增长 4.2 倍，年均增长 23%；物流业实现增加值 2.0 万亿元，比 2000 年增长 1.9 倍，年均增长 14%。2008 年，物流业增加值占全部服务业增加值的比重为 16.5%，占 GDP 的比重为 6.6%。

2. 物流业发展水平显著提高。一些制造企业、商贸企业开始采用现代物流管理理念、方法和技术，实施流程再造和服务外包；传统运输、仓储、货代企业实行功能整合和服务延伸，加快向现代物流企业转型；一批新型的物流企业迅速成长，形成了多种所有制、多种服务模式、多层次的物流企业群体。全社会物流总费用与 GDP 的比率，由 2000 年的 19.4%下降到 2008 年的 18.3%，物流费用成本呈下降趋势，促进了经济运行质量的提高。

3. 物流基础设施条件逐步完善。交通设施规模迅速扩大，为物流业发展提供了良好的设施条件。截至 2008 年底，全国铁路营业里程 8.0 万公里，高速公路通车里程 6.03 万公里，港口泊位 3.64 万个，其中沿海万吨级以上泊位 1167 个，拥有民用机场 160 个。物流园区建设开始起步，仓储、配送设施现代化水平不断提高，一批区域性物流中心正在形成。物流技术设备加快更新换代，物流信息化建设有了突破性进展。

4. 物流业发展环境明显好转。国家“十一五”规划纲要明确提出“大力发展现代物流业”，中央和地方政府相继建立了推进现代物流业发展的综合协调机制，出台了支持现代物流业发展的规划和政策。物流统计核算和标准化工作，以及人才培养和技术创新等行业基础性工作取得明显成效。

但是，我国物流业的总体水平仍然偏低，还存在一些突出问题。一是全社会物流运行效率偏低，社会物流总费用与 GDP 的比率高出发达国家 1 倍左右；二是社会化物流需求不足和专业化物流供给能力不足的问题同时存在，“大而全”、“小而全”的企业物流运作模式还相当普遍；三是物流基础设施能力不足，尚未建立布局合理、衔接顺畅、能力充分、高效便捷的综合交通运输体系，物流园区、物流技术装备等能力有待加强；四是地方封锁和行业垄断对资源整合和一体化运作形成障碍，物流市场还不够规范；五是物流技术、人才培养和物流标准还不能完全满足需要，物流服务的组织化和集约化程度不高。

2008 年下半年以来，随着国际金融危机对我国实体经济的影响逐步加深，物流业作为重要的服务产业也受到了严重冲击。物流市场需求急剧萎缩，运输和仓储等收费价格及利润大幅度下跌，一大批中小物流企业经营出现困难，提供运输、仓储等单一服务的传统物流企业受到严重冲击。整体来看，国际金融危机不但造成物流产业自身发展的剧烈波动，而且对其他产业的物流服务供给也产生了不利影响。

（二）面临的形势

应该看到，实施物流业的调整和振兴、实现传统物流业向现代物流业的转变，不仅是物流业自身结构调整和产业升级的需要，也是整个国民经济发展的必然要求。

1. 调整和振兴物流业是应对国际金融危机的迫切需要。一是要解决当前物流企业面临的困难，需要加快企业重组步伐，做强做大，提高产业集中度和抗风险能力，保持产业的平稳发展；二是物流业自身需要转变发展模式，向以信息技术和供应链管理为核心的现代物流业发展，通过提供低成本、高效率、多样化、专业化的物流服务，适应复杂多变的市场环境，提高自身竞争力；三是物流业对其他产业的调整具有服务和支撑作用，发展第三方物流可以促进制造业和商贸业优化内部分工、专注核心业务、降低物流费用，提高这些产业的竞争力，增强其应对国际金融危机的能力。

2. 调整和振兴物流业是适应经济全球化趋势的客观要求。一是随着经济全球化的发展和我国融入世界经济的步伐加快，全球采购、全球生产和全球销售的发展模式要求加快发展现代物流业，优化资源配置，提高市场响应速度和产品供给时效，降低企业物流成本，增强国民经济的竞争力。二是为了适应国际产业分工的变化，要求加快发展现代物流业，完善物流服务体系，改善投资环境，抓住国际产业向我国转移的机遇，吸引国际投资，促进我国制造业和高技术产业的发展。三是随着全球服务贸易的迅猛发展，要求加快发展现代物流业，培育国内现代物流服务企业，提高物流服务能力，应对日益激烈的全球物流企业竞争。

3. 调整和振兴物流业是国民经济持续快速发展的必要保证。根据全面建设小康社会的新要求，我国经济规模将进一步扩大，居民消费水平将进一步提高，货物运输量、社会商品零售额、对外贸易额等将大幅度增长，农产品、工业品、能源、原材料和进出口商品的流通规模将显著增加，对全社会物流服务能力和物流效率提出了更高的要求。同时，中西部地区要求改善物流条件，缩小与东部地区的物流成本差距，承接东部沿海地区产业梯度转移，促进区域间协调和可持续发展。

4. 调整和振兴物流业是贯彻落实科学发展观和构建社会主义和谐社会的重要举措。调整和振兴物流业，有利于加快商品流通和资金周转，降低社会物流成本，优化资源配置，提高国民经济的运行质量；有利于提高服务业比重，优化产业结构，促进经济发展方式的转变；有利于增加城乡就业岗位，扩大社会就业；有利于提高运输效率，降低能源消耗和废气排放，缓解交通拥堵，实现经济和社会的协调发展；有利于促进国内外、城乡和地区间商品流通，满足人民群众对多样化、高质量的物流服务需求，扩大居民消费；有利于国家救灾应急、处理突发性事件，保障经济稳定和社会安全。

二、指导思想、原则和目标

(一) 指导思想

以邓小平理论和“三个代表”重要思想为指导，深入贯彻落实科学发展观，按照保增长、扩内需、调结构的总体部署，以应对国际金融危机对我国经济的影响为切入点，以改革开放为动力，以先进技术为支撑，以物流一体化和信息化为主线，积极营造有利于物流业发展的政策环境，加快发展现代物流业，建立现代物流服务体系，以物流服务促进其他产业发展，为全面建设小康社会提供坚实的物流体系保障。

（二）基本原则

1. 立足应对危机，着眼长远发展。既要应对国际金融危机，解决当前物流业发展面临的突出问题，保先进生产力，保重点骨干企业，促进企业平稳发展；又要从产业长远发展的角度出发，解决制约物流产业振兴的体制、政策和设施“瓶颈”，促进产业升级，提高产业竞争力。

2. 市场配置资源，政府营造环境。充分发挥市场配置资源的作用，调动企业的积极性，从满足物流需求的实际出发，注重投资的经济效益。政府要为物流业的发展营造良好的政策环境，扶持重要的物流基础设施项目建设。

3. 加强规划指导，注重协调联动。统筹国内与国际、全国与区域、城市与农村物流协调发展，做好地区之间、行业之间和部门之间物流基础设施建设与发展的协调和衔接，走市场化、专业化、社会化的发展道路，合理布局重大项目。各地区要从本地区经济发展的实际出发，因地制宜，统筹规划，科学引导物流业的发展，防止盲目攀比和重复建设。

4. 打破分割封锁，整合现有资源。改革现行物流业相关行业管理体制，打破部门间和地区间的分割和封锁，创造公平的竞争环境，促进物流服务的社会化和资源利用的市场化，优先整合和利用现有物流资源，提高物流设施的利用率。

5. 建立技术标准，推进一体化运作。按照现代物流理念，加快技术标准体系建设，综合集成仓储、运输、货代、包装、装卸、搬运、流通加工、配送、信息处理等多种功能，推进物流一体化运作，提高物流效率。

6. 创新服务方式，坚持科学发展。以满足生产者和消费者不断增长的物流需求为出发点，不断创新物流服务方式，提升服务水平。积极推进物流服务的信息化、现代化、合理化和企业社会责任建设，坚持最严格的节约用地制度，注重节约能源，保护环境，减少废气污染和交通拥堵，保证交通安全，实现经济和社会可持续协调发展。

（三）规划目标

力争在2009年改善物流企业经营困难的状况，保持产业的稳定发展。到2011年，培育一批具有国际竞争力的大型综合物流企业集团，初步建立起布局合理、技术先进、节能环保、便捷高效、安全有序并具有一定国际竞争力的现代物流服务体系，物流服务能力进一步增强；物流的社会化、专业化水平明显提高，第三方物流的比重有所增加，物流业规模进一步扩大，物流业增加值年均递增10%以上；物流整体运行效率显著提高，全社会物流总费用与GDP的比率比目前的水平有所下降。

三、主要任务

（一）积极扩大物流市场需求

进一步推广现代物流管理，努力扩大物流市场需求。运用供应链管理与现代物流理念、技术与方法，实施采购、生产、销售和物品回收物流的一体化运作。鼓励生产企业改造物流流程，提高对市场的响应速度，降低库存，加速周转。合理布局城乡商业设施，完善流通网络，积极发展连锁经营、物流配送和电子商务等现代流通方式，促进流通企业的现代化。在农村广泛应用现代物流管理技术，发展农产品从产地到销地的直销和配送，以及农资和农村日用消费品的统一配送。

（二）大力推进物流服务的社会化和专业化

鼓励生产和商贸企业按照分工协作的原则，剥离或外包物流功能，整合物流资源，促进企业内部物流社会化。推动物流企业与生产、商贸企业互动发展，促进供应链各环节有机结合。鼓励现有运输、仓储、货代、联运、快递企业的功能整合和服务延伸，加快向现代物流企业转型。积极发展多式联运、集装箱、特种货物、厢式货车运输以及重点物资的散装运输等现代运输方式，加强各种运输方式运输企业的相互协调，建立高效、安全、低成本的运输系统。加强运输与物流服务的融合，为物流一体化运作与管理提供条件。鼓励邮政企业深化改革，做大做强快递物流业务。大力发展第三方物流，提高企业的竞争力。

（三）加快物流企业兼并重组

鼓励中小物流企业加强信息沟通，创新物流服务模式，加强资源整合，满足多样性的物流需要。加大国家对物流企业兼并重组的政策支持力度，缓解当前物流企业面临的困难，鼓励物流企业通过参股、控股、兼并、联合、合资、合作等多种形式进行资产重组，培育一批服务水平高、国际竞争力强的大型现代物流企业。

（四）推动重点领域物流发展

加强石油、煤炭、重要矿产品及相关产品物流设施建设，建立石油、煤炭、重要矿产品物流体系。加快发展粮食、棉花现代物流，推广散粮运输和棉花大包运输。加强农产品质量标准体系建设，发展农产品冷链物流。完善农资和农村日用消费品连锁经营网络，建立农村物流体系。发展城市统一配送，提高食品、食盐、烟草和出版物等的物流配送效率。实行医药集中采购和统一配送，推动医药物流发展。加强对化学危险品物流的跟踪与监控，规范化学危险品物流的安全管理。推动汽车和零配件物流发展，建立科学合理的汽车综合物流服务体系。鼓励企业加快发展产品与包装物回收物流和废弃物物流，促进资源节约与循环利用。鼓励和支持物流业节能减排，发展绿色物流。

发挥邮政现有的网络优势，大力发展邮政物流，加快建立快递物流体系，方便生产生活。加强应急物流体系建设，提高应对战争、灾害、重大疫情等突发性事件的能力。

（五）加快国际物流和保税物流发展

加强主要港口、国际海运陆运集装箱中转站、多功能国际货运站、国际机场等物流节点的多式联运物流设施建设，加快发展铁海联运，提高国际货物的中转能力，加快发展适应国际中转、国际采购、国际配送、国际转口贸易业务要求的国际物流，逐步建成一批适应国际贸易发展需要的大型国际物流港，并不断增强其配套功能。在有效监管的前提下，各有关部门要简化审批手续，优化口岸通关作业流程，实行申办手续电子化和“一站式”服务，提高通关效率。充分发挥口岸联络协调机制的作用，加快“电子口岸”建设，积极推进大通关信息资源整合。统筹规划、合理布局，积极推进海关特殊监管区域整合发展和保税监管场所建设，建立既适应跨国公司全球化运作又适应加工制造业多元化发展需求的新型保税物流监管体系。积极促进口岸物流向内地物流节点城市顺畅延伸，促进内地现代物流业的发展。

（六）优化物流业发展的区域布局

根据市场需求、产业布局、商品流向、资源环境、交通条件、区域规划等因素，重点发展九大物流区域，建设十大物流通道和一批物流节点城市，优化物流业的区域布局。

九大物流区域分布为：以北京、天津为中心的华北物流区域，以沈阳、大连为中心的东北物流区域，以青岛为中心的山东半岛物流区域，以上海、南京、宁波为中心的长江三角洲物流区域，以厦门为中心的东南沿海物流区域，以广州、深圳为中心的珠江三角洲物流区域，以武汉、郑州为中心的中部物流区域，以西安、兰州、乌鲁木齐为中心的西北物流区域，以重庆、成都、南宁为中心的西南物流区域。十大物流通道为：东北地区与关内地区物流通道，东部地区南北物流通道，中部地区南北物流通道，东部沿海与西北地区物流通道，东部沿海与西南地区物流通道，西北与西南地区物流通道，西南地区出海物流通道，长江与运河物流通道，煤炭物流通道，进出口物流通道。

要打破行政区划的界限，按照经济区划和物流业发展的客观规律，促进物流区域发展。积极推进和加深不同地区之间物流领域的合作，引导物流资源的跨区域整合，逐步形成区域一体化的物流服务格局。长江三角洲、珠江三角洲物流区域和华北、山东半岛、东北、东南沿海物流区域，要加强技术自主创新，加快发展制造业物流、国际物流和商贸物流，培育一批具有国际竞争力的现代物流企业，在全国率先做强。中部物流区域要充分发挥中部地区承东启西、贯通南北的区位优势，加快培育第三方物流企业，提升物流产业发展水平，形成与东部物流区域的有机衔接。西北、西南物流区域要加快改革步伐，进一步推广现代物流管理理念和技术，按照本区域承接产业转移和发挥资源优势的需要，加快物流基础设施建设，改善区域物流环境，缩小与东中部地区差距。

物流节点城市分为全国性物流节点城市、区域性物流节点城市和地区性物流节点城市。全国性和区域性物流节点城市由国家确定，地区性物流节点城市由地方确定。全国性物流节点城市包括：北京、天津、沈阳、大连、青岛、济南、上海、南京、宁波、杭州、厦门、广州、深圳、郑州、武汉、重庆、成都、南宁、西安、兰州、乌鲁木齐共 21 个城市。区域性物流节点城市包括：哈尔滨、长春、包头、呼和浩特、石家庄、唐山、太原、合肥、福州、南昌、长沙、昆明、贵阳、海口、西宁、银川、拉萨共 17 个城市。物流节点城市要根据本地的产业特点、发展水平、设施状况、市场需求、功能定位等，完善城市物流设施，加强物流园区规划布局，有针对性地建设货运服务型、生产服务型、商业服务型、国际贸易服务型和综合服务型的物流园区，优化城市交通、生态环境，促进产业集聚，努力提高城市的物流服务水平，带动周边所辐射区域物流业的发展，形成全国性、区域性和地区性物流中心和三级物流节点城市网络，促进大中小城市物流业的协调发展。

（七）加强物流基础设施建设的衔接与协调

按照全国货物的主要流向及物流发展的需要，依据《综合交通网中长期发展规划》、《中长期铁路网规划》、《国家高速公路网规划》、《全国沿海港口布局规划》、《全国内河航道与港口布局规划》及《全国民用机场布局规划》，加强交通运输设施建设，完善综合运输网络布局，促进各种运输方式的衔接和配套，提高资源使用效率和物流运行效率。发展多式联运，加强集疏运体系建设，使铁路、港口码头、机场及公路实现“无缝对接”，着力提高物流设施的系统性、兼容性。充分发挥市场机制的作用，整合现有运输、仓储等物流基础设施，加快盘活存量资产，通过资源的整合、功能的拓展和服务的提升，满足物流组织与管理服务的需要。加强新建铁路、港口、公路和机场转运设施的统一规划和建设，合理布局物流园区，完善中转联运设施，防止产生新的分割和不衔接。加强仓储设施建设，在大中城市周边和制造业基地附近合理规划、改造和建设一批现代化的配送中心。

（八）提高物流信息化水平

积极推进企业物流管理信息化，促进信息技术的广泛应用。尽快制订物流信息技术标准和信息资源标准，建立物流信息采集、处理和服务的交换共享机制。加快行业物流公共信息平台建设，建立全国性公路运输信息网络和航空货运公共信息系统，以及其他运输与服务方式的信息网络。推动区域物流信息平台建设，鼓励城市间物流平台的信息共享。加快构建商务、金融、税务、海关、邮政、检验检疫、交通运输、铁路运输、航空运输和工商管理等政府部门的物流管理与服务公共信息平台，扶持一批物流信息服务企业成长。

（九）完善物流标准化体系

根据物流标准编制规划，加快制订、修订物流通用基础类、物流技术类、物流信息类、物流管理类、物流服务类等标准，完善物流标准化体系。密切关注国际发展趋势，加强重大基础标准研究。要对标准制订实施改革，加强物流标准工作的协调配合，充分发挥企业在制订物流标准中的主体作用。加快物流管理、技术和服务标准的推广，鼓励企业和有关方面采用标准化的物流计量、货物分类、物品标识、物流装备设施、工具器具、信息系统和作业流程等，提高物流的标准化程度。

（十）加强物流新技术的开发和应用

大力推广集装技术和单元化装载技术，推行托盘化单元装载运输方式，大力发展大吨位厢式货车和甩挂运输组织方式，推广网络化运输。完善并推广物品编码体系，广泛应用条形码、智能标签、无线射频识别（RFID）等自动识别、标识技术以及电子数据交换（EDI）技术，发展可视化技术、货物跟踪技术和货物快速分拣技术，加大对RFID和移动物流信息服务技术、标准的研发和应用的投入。积极开发和利用全球定位系统（GNSS）、地理信息系统（GIS）、道路交通信息通信系统（VICS）、不停车自动交费系统（ETC）、智能交通系统（ITS）等运输领域新技术，加强物流信息系统安全体系研究。加强物流技术装备的研发与生产，鼓励企业采用仓储运输、装卸搬运、分拣包装、条码印刷等专用物流技术装备。

四、重点工程

（一）多式联运、转运设施工程

依托已有的港口、铁路和公路货站、机场等交通运输设施，选择重点地区和综合交通枢纽，建设一批集装箱多式联运中转设施和连接两种以上运输方式的转运设施，提高铁路集装箱运输能力，重点解决港口与铁路、铁路与公路、民用航空与地面交通等枢纽不衔接以及各种交通枢纽相互分离带来的货物在运输过程中多次搬倒、拆装等问题，促进物流基础设施协调配套运行，实现多种运输方式"无缝衔接"，提高运输效率。

（二）物流园区工程

在重要物流节点城市、制造业基地和综合交通枢纽，在土地利用总体规划、城市总体规划确定的城镇建设用地范围内，按照符合城市发展规划、城乡规划的要求，充分利用已有运输场站、仓储基地等基础设施，统筹规划建设一批以布局集中、用地节约、产业集聚、功能集成、经营集约为特征的物流园区，完善专业化物流组织服务，实现长途运输与短途运输的合理衔接，优化城市配送，提高物流运作的规模效益，节约土地占用，缓解城市交通压力。物流园区建设要严格按规划进行，充分发挥铁路运输优势，综合利用已有、规划和在建的物流基础设施，完善配套设施，防止盲目投资和重复建设。

（三）城市配送工程

鼓励企业应用现代物流管理技术，适应电子商务和连锁经营发展的需要，在大中城市发展面向流通企业和消费者的社会化共同配送，促进流通的现代化，扩大居民消费。加快建设城市物流配送项目，鼓励专业运输企业开展城市配送，提高城市配送的专业化水平，解决城市快递、配送车辆进城通行、停靠和装卸作业问题，完善城市物流配送网络。

（四）大宗商品和农村物流工程

加快煤炭物流通道建设，以山西、内蒙古、陕西煤炭外运为重点，形成若干个煤电路港一体化工程，完善煤炭物流系统。加强油气码头和运输管网建设，提高油气物流能力。加强重要矿产品港口物流设施建设，改善大型装备物流设施条件。加快粮食现代物流设施建设，建设跨省粮食物流通道和重要物流节点。加大投资力度，加快建设“北粮南运”和“西煤东运”工程。加强城乡统筹，推进农村物流工程。进一步加强农副产品批发市场建设，完善鲜活农产品储藏、加工、运输和配送等冷链物流设施，提高鲜活农产品冷藏运输比例，支持发展农资和农村消费品物流配送中心。

（五）制造业与物流业联动发展工程

加强对制造业物流分离外包的指导和促进，支持制造企业改造现有业务流程，促进物流业务分离外包，提高核心竞争力。培育一批适应现代制造业物流需求的第三方物流企业，提升物流业为制造业服务的能力和水平。制定鼓励制造业与物流业联动发展的相关政策，组织实施一批制造业与物流业联动发展的示范工程和重点项目，促进现代制造业与物流业有机融合、联动发展。

（六）物流标准和技术推广工程

加快对现有仓储、转运设施和运输工具的标准化改造，鼓励企业采用标准化的物流设施和设备，实现物流设施、设备的标准化。推广实施托盘系列国家标准，鼓励企业采用标准化托盘，支持专业化企业在全国建设托盘共用系统，开展托盘的租赁回收业务，实现托盘标准化、社会化运作。鼓励企业采用集装单元、射频识别、货物跟踪、自动分拣、立体仓库、配送中心信息系统、冷链等物流新技术，提高物流运作管理水平。实施物流标准化服务示范工程，选择大型物流企业、物流园区开展物流标准化试点工作并逐步推广。

（七）物流公共信息平台工程

加快建设有利于信息资源共享的行业和区域物流公共信息平台项目，重点建设电子口岸、综合运输信息平台、物流资源交易平台和大宗商品交易平台。鼓励企业开展信息发布和信息系统外包等服务业务，建设面向中小企业的物流信息服务平台。

（八）物流科技攻关工程

加强物流新技术的自主研发，重点支持货物跟踪定位、智能交通、物流管理软件、移动物流信息服务等关键技术攻关，提高物流技术的自主创新能力。适应物流业与互联网融合发展的趋势，启动物联网的前瞻性研究工作。加快先进物流设备的研制，提高物流装备的现代化水平。

（九）应急物流工程

建立应急生产、流通、运输和物流企业信息系统，以便在突发事件发生时能够紧急调用。建立多层次的政府应急物资储备体系，保证应急调控的需要。加强应急物流设施设备建设，提高应急反应能力。选择和培育一批具有应急能力的物流企业，建立应急物流体系。

五、政策措施

（一）加强组织和协调

现代物流业是新型服务业，涉及面广。要加强对现代物流业发展的组织和协调，在相关部门各司其职、各负其责的基础上，发挥由发展改革委牵头、有关部门参加的全国现代物流工作部际联席会议的作用，研究协调现代物流业发展的有关重大问题和政策。各省、自治区、直辖市政府也要建立相应的协调机制，加强对地方现代物流业发展有关问题的研究和协调。

（二）改革物流管理体制

继续深化铁路、公路、水运、民航、邮政、货代等领域的体制改革，按照精简、统一、高效的原则和决策、执行、监督相协调的要求，建立政企分开、决策科学、权责对等、分工合理、执行顺畅、监督有力的物流综合管理体系，完善政府的公共服务职能，进一步规范运输、货代等行业的管理，促进物流服务的规范化、市场化和国际化。改革仓储企业经营体制，推进仓储设施和业务的社会化。打破行业垄断，消除地区封锁，依法制止和查处滥用行政权力阻碍或限制跨地区、跨行业物流服务的行为，逐步建立统一开放、竞争有序的全国物流服务市场，促进物流资源的规范、公平、有序和高效流动。加强监管，规范物流市场秩序，强化物流环节质量安全管理。进一步完善对物流企业的交通安全监管机制，督促企业定期对车辆技术状况、驾驶人资质进行检查，从源头上消除安全隐患，落实企业的安全生产主体责任。

（三）完善物流政策法规体系

在贯彻落实好现有推动现代物流业发展有关政策的基础上，进一步研究制定促进现代物流业发展的有关政策。加大政策支持力度，抓紧解决影响当前物流业发展的土地、税收、收费、融资和交通管理等方面的问题。引导和鼓励物流企业加强管理创新，完善公司治理结构，实施兼并重组，尽快做强做大。针对当前产业发展中出现的新情况和新问题，研究制定系统的物流产业政策。清理有关物流的行政法规，加强对物流领域的立法研究，完善物流的法律法规体系，促进物流业健康发展。

（四）制订落实专项规划

有关部门要制订专项规划，积极引导和推动重点领域和区域物流业的发展。发展改革委会同有关部门制订煤炭、粮食、农产品冷链、物流园区、应急物流等专项规划，商务部会同供销总社等有关部门制订商贸物流专项规划，国家标准委会同有关部门制订物流标准专项规划。物流业发展的重点地区，各级地方政府也要制订本地区物流业规划，指导本地区物流业的发展。

（五）多渠道增加对物流业的投入

物流业的发展，主要依靠企业自身的投入。要加快发展民营物流企业，扩大对外开放步伐，多渠道增加对物流业的投入。对列入国家和地方规划的物流基础设施建设项目，鼓励其通过银行贷款、股票上市、发行债券、增资扩股、企业兼并、中外合资等途径筹集建设资金。银行业金融机构要积极给予信贷支持。对涉及全国性、区域性重大物流基础设施项目，中央和地方政府可根据项目情况和财力状况适当安排中央和地方预算内建设投资，以投资补助、资本金注入或贷款贴息等方式给予支持，由企业进行市场化运作。

（六）完善物流统计指标体系

进一步完善物流业统计调查制度和信息管理制度，建立科学的物流业统计调查方法和指标体系。加强物流统计基础工作，开展物流统计理论和方法研究。认真贯彻实施社会物流统计核算与报表制度。积极推动地方物流统计工作，充分发挥行业组织的作用和力量，促进物流业统计信息交流，建立健全共享机制，提高统计数据的准确性和及时性。

（七）继续推进物流业对外开放和国际合作

充分利用世界贸易组织、自由贸易区和区域经济合作机制等平台，与有关国家和地区相互进一步开放与物流相关的分销、运输、仓储、货代等领域，特别是加强与日韩、东盟和中亚国家的双边和区域物流合作，开展物流方面的政策协调和技术合作，推动物流业“引进来”和“走出去”。加强国内物流企业同国际先进物流企业的合资、合作与交流，引进和吸收国外促进现代物流发展的先进经验和管理方法，提高物流业的全球化与区域化程度。加强国际物流“软环境”建设，包括鼓励运用国际惯例、推动与国际贸易规则及货代物流规则接轨、统一单证、加强风险控制和风险转移体系建设等。建立产业安全保障机制，完善物流业外资并购安全审查制度。

（八）加快物流人才培养

要采取多种形式，加快物流人才的培养。加强物流人才需求预测和调查，制订科学的培养目标和规划，发展多层次教育体系和在职人员培训体系。利用社会资源，鼓励企业与大学、科研机构合作，编写精品教材，提高实际操作能力，强化职业技能教育，开展物流领域的职业资质培训与认证工作。加强与国外物流教育与培训机构的联合与合作。

（九）发挥行业社团组织的作用

物流业社团组织应履行行业服务、自律、协调的职能，发挥在物流规划制订、政策建议、规范市场行为、统计与信息、技术合作、人才培训、咨询服务等方面的中介作用，成为政府与企业联系的桥梁和纽带。

六、规划实施

国务院各有关部门要按照《规划》的工作分工，加强沟通协商，密切配合，尽快制定和完善各项配套政策措施，明确政策措施的实施范围和进度，并加强指导和监督，确保实现物流业调整和振兴目标。有关部门要适时开展《规划》的后评价工作，及时提出评价意见。

各地区要按照《规划》确定的目标、任务和政策措施，结合当地实际抓紧制订具体工作方案，细化落实，确保取得实效。各省、自治区、直辖市要将具体工作方案和实施过程中出现的新情况、新问题及时报送发展改革委和交通运输、商务等有关部门。

附录 7 国务院《关于促进物流业健康发展政策措施的意见》

国务院办公厅《关于促进物流业健康发展政策措施的意见》

国办发［2011］38 号

各省、自治区、直辖市人民政府，国务院各部委、各直属机构：

为进一步贯彻落实《国务院关于印发物流业调整和振兴规划的通知》（国发［2009］8 号）精神，制定和完善相关配套政策措施，促进物流业健康发展，经国务院同意，现提出以下意见：

一、切实减轻物流企业税收负担

根据物流业的产业特点和物流企业一体化、社会化、网络化、规模化发展要求，统筹完善有关税收支持政策。有关部门要抓紧完善物流企业营业税差额纳税试点办法，进一步扩大试点范围，并在总结试点经验、完善相关配套措施的基础上全面推广。要结合增值税改革试点，尽快研究解决仓储、配送和货运代理等环节与运输环节营业税税率不统一的问题。研究完善大宗商品仓储设施用地的土地使用税政策，既要促进物流企业集约使用土地，又要满足大宗商品实际物流需要。

二、加大对物流业的土地政策支持力度

仓储设施、配送中心、转运中心以及物流园区等物流基础设施占地面积大、资金投入多、投资回收期长，要在加强和改善管理、切实节约土地的基础上，加大土地政策支持力度。科学制定全国物流园区发展专项规划，提高土地集约利用水平，对纳入规划的物流园区用地给予重点保障。对各地区物流业发展规划确定的重点物流项目用地，应在土地利用总体规划修编时纳入规划统筹安排，涉及农用地转用的，

可在土地利用年度计划中优先安排。对政府供应的物流用地，应纳入年度建设用地供应计划，依法采取招标、拍卖或挂牌等方式出让。积极支持利用工业企业旧厂房、仓库和存量土地资源建设物流设施或提供物流服务，涉及原划拨土地使用权转让或租赁的，应按规定办理土地有偿使用手续，经批准可采取协议方式出让。土地出让收入依法实行“收支两条线”管理。

三、促进物流车辆便利通行

进一步降低过路过桥收费，按照规定逐步有序取消政府还贷二级公路收费，减少普通公路收费站点数量，控制收费公路规模，优化收费公路结构。加大对高速公路收费的监管力度，撤并不合理的收费站点，逐步降低偏高的高速公路收费标准，对已出让经营权的繁忙路段，应根据政府财力状况逐步回购经营权。尽快研究修订《收费公路管理条例》，统筹发展以普通公路为主的体现政府普遍服务的非收费公路和以高速公路为主的收费公路。大力推行不停车收费系统，提高车辆通行效率。抓紧修订完善道路大型物件运输管理办法和超限运输车辆行驶公路规定，规范道路交通管理和超限治理行为。按照依法、高效、环保的原则，研究制定城市配送管理办法，确定城市配送车辆的标准环保车型，全面禁止将客运车辆改装为货运车辆，有效解决城市中转配送难、配送货车停靠难等问题，促进符合条件的物流企业加快规模化发展。研究调整挂车交强险征收政策，促进甩挂运输发展。

四、加快物流管理体制改革

加快推进物流管理体制改革，打破物流管理的条块分割。加强依法行政，完善政府监管，强化行业自律。结合制（修）订相关法律、行政法规，在规范管理的前提下适当放宽对物流企业资质的行政许可和审批条件，改进资质审批管理方式。认真清理针对物流企业的资质审批项目，逐步减少行政审批。要破除地区封锁和体制、机制障碍，积极为物流企业设立法人、非法人分支机构提供便利，鼓励物流企业开展跨区域网络化经营。进一步规范交通、公安、环保、质检、消防等方面的审批手续，缩短审批时间，提高审批效率。对于法律未规定或国务院未批准必须由法人机构申请的资质，物流企业总部统一申请获得后，其非法人分支机构可向所在地有关部门备案获得。物流企业总部统一办理工商登记注册和经营审批手续后，其非法人分支机构可持总部出具的文件，直接到所在地工商行政管理机关申请登记注册，免予办理工商登记核转手续。合理规划口岸布局，改善口岸通关管理，提高通关效率，促进国际物流和保税物流发展。加强物流业政策及法规体系建设，从国民经济行业分类、产业统计、工商注册、土地使用及税目设立等方面明确物流业类别，进一步确定物流业的产业地位。尽快完善物流调查统计和信息管理制度。

五、鼓励整合物流设施资源

支持大型优势物流企业通过兼并重组等方式，对分散的物流设施资源进行整合；鼓励中小物流企业加强联盟合作，创新合作方式和服务模式，优化资源配置，提高服务水平，积极推进物流业发展方式转变。目前只为本行业本系统提供服务的仓储和运输设施，要积极创造条件向社会开放，开展社会化物流服务。支持商贸流通企业发展共同配送，降低配送成本，提高配送效率。支持物流企业加强与制造企业合作，全面参与制造企业的供应链管理，或与制造企业共同组建第三方物流企业。制造企业剥离物流资产和业务，可根据《财政部国家税务总局关于企业重组业务企业所得税处理若干问题的通知》（财税［2009］59号）、《财政部国家税务总局关于企业改制重组若干契税政策的通知》（财税［2008］175号）和《财政部关于企业重组有关职工安置费用财务管理问题的通知》（财企［2009］117号）等文件规定，享受税收、资产处置、人员安置等相关扶持政策。统筹规划和发展工业园区、经济开发区、海关特殊监管区域、高新技术产业园区等制造业集聚区的物流服务体系，积极引导区内企业将物流业务外包，扩大物流需求，推动区域内物流基础设施和信息平台等共享共用。

六、推进物流技术创新和应用

加强物流新技术的自主研发，重点支持货物跟踪定位、无线射频识别、物流信息平台、智能交通、物流管理软件、移动物流信息服务等关键技术攻关。适时启动物联网在物流领域的应用示范。加快先进物流设备的研制，提高物流装备的现代化水平。加强物流标准的制定和推广，促进物流标准的贯彻实施。鼓励物流企业应用供应链管理技术和信息技术，地方各级人民政府对物流企业的物流信息平台建设要积极给予扶持。推动有关部门、重点制造企业和商贸企业、物流企业不断提高物流信息资源的开发利用水平，促进物流信息的科学采集、安全管理、有效利用、深度开发、有序交换和集成应用。调整完善物流企业申请高新技术企业的认定标准，具备条件的物流企业可以享受高新技术企业的相关政策。推进物流信息资源开放共享，处理好安全与协同的关系，鼓励采取多种方式实现物流信息的互通交换，促进信息流、物流和资金流的协同和联动，提高物流服务效率和经营管理水平。

七、加大对物流业的投入

各级人民政府要加大对物流基础设施投资的扶持力度，对符合条件的重点物流企业的运输、仓储、配送、信息设施和物流园区的基础设施建设给予必要的资金扶持。积极引导银行业金融机构加大对物流企业的信贷支持力度，加快推动适合物流企业特点的金融产品和服务方式创新，积极探索抵押或质押等多种贷款担保方式，进一步提高对物流企业的金融服务水平。完善融资机制，进一步拓宽融资渠道，积极支持符合条件的物流企业上市和发行企业债券。

八、优先发展农产品物流业

要把农产品物流业发展放在优先位置，加大政策扶持力度，加快建立畅通高效、安全便利的农产品物流体系，着力解决农产品物流经营规模小、环节多、成本高、损耗大的问题。大力发展“农超对接”、“农校对接”、“农企对接”等产地到销地的直接配送方式，支持发展农民专业合作组织，加强主产区大型农产品集散中心建设，促进大型连锁超市、学校、酒店、大企业等最终用户与农民专业合作社、生产基地建立长期稳定的产销关系。发挥供销社和邮政等物流体系在农村的网络优势，积极开展“农资下乡”配送和农产品进城配送服务。抓紧开展农产品增值税抵扣政策调整试点，妥善解决农产品进项税抵扣中存在的问题，鼓励大型企业从事农产品物流业，提高农产品物流业的规模效益。加大农产品冷链物流基础设施建设投入，加快建立主要品种和重点地区的冷链物流体系，对开展鲜活农产品业务的冷库用电实行与工业同价。推动农产品包装和标识的标准化，完善农产品质量安全可追溯制度。提高对农产品批发市场和农贸市场（含社区菜市场）公益性的认识，加大政府投入和政策扶持力度。加强农产品批发市场、农贸市场的规划和建设，新建城市居住区要严格按照相关规定，配套建设社区菜市场或相应的商业设施，不得随意改变用途。农产品批发市场用地作为经营性商业用地，应严格按照规划合理布局，土地招拍挂出让前，所在区域有工业用地交易地价的，可以参照市场地价水平、所在区域基准地价和工业用地最低价标准等确定出让底价，土地出让后严禁擅自改变用途从事商业性房地产开发，确需改变用途、性质或者进行转让的，应当符合土地利用总体规划并经依法批准。研究农产品批发市场相关房产税政策，农产品批发市场和农贸市场的用水、用电、用气、用热价格实行与工业同价。规范和降低农产品批发市场、农贸市场的摊位费等相关收费，必要时按法定程序将摊位费纳入地方政府定价目录管理，清理超市向供应商收取的违反国家相关法律法规的通道费。继续严格执行并完善鲜活农产品“绿色通道”政策，进一步加强管理，完善技术手段，提高车辆检测水平和通行效率。进一步落实鲜活农产品配送车辆24小时进城通行和便利停靠政策。提高粮食物流现代化水平，推进粮食储、运、装、卸的“四散化”，加强东北产区散粮收纳和发放设施及南方销区的铁路、港口散粮接卸设施建设，推动东北地区散粮火车入关，加快发展散粮铁水联运。进一步推进棉花质检体制改革，提高棉花包装质量和物流技术装备水平与标准化程度，在全国范围推行棉花的机械快速装卸作业法，组织好新疆棉外运工作。

九、加强组织协调

各地区、各有关部门要充分认识物流业的重要性，加快政府职能转变和管理创新，积极推动物流业又好又快发展。国务院有关部门要按照职能分工，加强对物流业发展的协调指导，抓紧细化政策措施，认真组织贯彻实施，切实规范物流服务，提升物流业经营水平。发展改革委要会同有关部门加强对各项政策措施落实情况的督促检查，及时研究新情况、解决新问题，为物流业进一步健康发展创造良好的政策和体制环境。

国务院办公厅

二〇一一年八月二日

参考文献

[1]《新闻出版业“十一五”发展规划》要点 [N]. 中国新闻出版报，2006-01-14.

[2] 李洪喜. 出版社构建图书物流体系的研究——以电子工业出版社储运系统改革发展为例 [J]. 出版发行研究，2005 (11).

[3] 刘敬，江宏. 高教物流　中国出版物流的里程碑 [J]. 物流技术与应用，2010 (9).

[4] 穆宏志. 新华十大物流中心显示：书业中盘实力雄厚 [N]. 中国图书商报，2007-05-25.

[5] 江宏. 上海新华传媒的新一代图书物流配送中心 [J]. 物流技术与应用，2008 (1).

[6] 刘灿姣. 中国书业物流发展研究 [M]. 湘潭：湘潭大学出版社，2009：78~81.

[7] 王蓉. 2009 年度中国书业 8 大兴建物流中心 [N]. 中国图书商报，2010-01-05.

[8] 庄玉辉. 我国图书出版行业物流现状浅析 [J]. 中国出版，2010 (4).

[9] 叶鸿康. 对目前纷纷兴建图书物流中心的担忧 [J]. 出版发行研究，2004 (1)：5~6.

[10] 穆宏志，瞿磊. 10 年书业物流：从“奴隶”到“将军”[N]. 中国图书商报，2005-01-07.

[11] 李小明. 中国出版物流建设研究 [D]. 武汉理工大学博士学位论文，2005.

[12] 上海德邦物流股份有限公司.新闻出版业“物流建设热”应在理智中升温 [Z]. wwwdebang56com，2010-02-05.

[13] 崔向东. 辩证看待图书库存 [J]. 出版发行研究，2001 (11)：49~51.

[14] 杨建忠. 计算机图书退货原因及减少退货的对策 [N]. 中华读书报，2001 (13).

[15] 郭伟疆. 图书选题策划需要“逆向思维”——运用库存管理指导选题策划 [J]. 出版经济，2004 (6)：45~47.

[16] 陈丽. 中国图书市场逆向物流模式的变革 [J]. 大学出版，2005 (4).

[17] 包卫国. 关于图书库存的几点异议 [J]. 出版参考（业内资讯版），2005 (10)：17.

[18] 张芳. 图书逆向物流现状及对策分析 [J]. 商场现代化，2007 (12).

[19] 黄丽娟. 供应链管理中的“牛鞭效应”现象研究——以图书供应链为例 [J]. 科技进步与对策，2005 (4)：143~145.

[20] 丁伟妃. 基于供应链管理的图书逆向物流对策 [J]. 中国出版，2009 (2)：47~49.

[21] 高冬成. 关于图书库存的几点思考[J]. 大学出版，2001 (2)：36~37.

[22] 刘灿姣，黄立雄. 图书零售企业实施 VMI 的理论研究 [J]. 科

技与出版，2007（11）：41~44.

[23] 陈御钗，王建洲. 我国图书供应链低效运作问题研究 [J]. 科技与管理，2007（6）：148~150.

[24] 尹章池，田道全. 书业物流进入供应链管理阶段的路径选择 [J]. 出版科学，2008（3）：66~68.

[25] 林传立，蒋丽华. 网上图书销售的供应链管理研究 [J]. 商业时代，2010（15）：36~37.

[26] 文东. 山东新华集团培育济宁新华物流"实验田"，创书业第三方物流精典 [N]. 中国图书商报，2009-06-26.

[27] 姚贞. 江西出版集团："腾笼换鸟"迈向现代物流港 [N]. 中国新闻出版报，2011-10-10.

[28] 左志红，杨晓芳. 第三方物流：书业还有多远 [N]. 中国新闻出版报，2006-07-28.

[29] 刘灿姣. 书业企业开展第三方物流的 SWOT 分析 [J]. 科技创业月刊，2007（7）：72~74.

[30] 田丽丽. 书业进军第三方物流优劣何在 [N]. 中国图书商报，2009-12-15.

[31] 何国军，郭云. 书业企业第三方物流发展和盈利策略初探 [J]. 经营与管理，2010（9）.

[32] 涂华，孟民等. 打造书业现代物流体系 [N]. 中国图书商报，2004-01-16.

[33] 陈磊. 日本的图书物流中心 [N]. 中国新闻出版报，2010-03~01.

[34] 夏丽丽，任凤香，尹华灵等. 浅论国外图书物流发展模式对我国的启示 [J]. 物流技术，2010（12）.

[35] 崔青峰. 对现代出版业物流模式的设想及研究 [J]. 集团经济研究，2007（9）.

［36］陈丽. 图书物流成本与物流模式演化分析[J]. 出版发行研究，2008（6）：36~40.

［37］任凤香，戴晓欢. 电子商务环境下国外图书物流模式对我国的启示[J]. 商场现代化，2009（10）：43.

［38］The Publishers Association and Booksellers Association. Returns：the New Process. Book Industry Communication，2000.

［39］Frank Daly. Executive Director's Annual Report 2001–2002. The Book Industry Study Group，2002.

［40］GUNASEKARAN A and E.W.T. NGAI. The Successful Management of a Small Logistics Company［J］. International Journal of Physical Distribution & Logistics，2003，33（9/10）.

［41］QIANG WANG，ZHONGFANG CHU，QIANG ZHOU，FUJUN LAI.A Comparative Study of Third–Party Logistics in Mainland China and Hong Kong［J］.Transportation Journal，2008.

［42］Yen–Chun Jim Wu Wei–Ping Cheng. Reverse Logistics in the Publishing Industry：China，Hong Kong，and Taiwan［J］. International Journal of Physical Distribution & Logistics Management，2006，36（7）.

［43］Tobias Schoenherr. Logistics and Supply Chain Management Applications within a Global Context：An Overview[J]. Journal of Business Logistics，2009，30（2）.

［44］Richard Malkin. Rewriting the Book In The Book In Air Distribution［J］. Air Cargo，1991（4）.

［45］国家技术监督局. 中华人民共和国国家标准，物流术语［M］. 北京：中国标准出版社，2001.

［46］朱欣华. 加快廊坊市出版物物流之探讨［J］. 科技情报开发与经济，2009（20）.

[47] 周延波，光昕. 我国连锁零售业物流配送的现状与对策分析 [J]. 物流管理，2011 (12)：84.

[48] 中国物流与采购联合会. 中国物流年鉴 [M]. 北京：中国物流出版社，2010.

[49] 阙米秋. 推进组建全国性国有大型发行集团 [N]. 中国新闻出版报，2011-04-06.

[50] 李敏. 我国现代出版物流的建设与发展 [J]. 出版与印刷，2009 (4).

[51] 马士华，林勇，陈志祥. 供应链管理 [M]. 北京：机械工业出版社，2000.

[52] Stevens, Graham. Integrating the Supply Chain. International Journal of Physical Distribution and Material Management，1989 (19).

[53] 阎子刚，李亚军. 供应链管理 [M]. 北京：机械工业出版社，2003：16.

[54] 刘益，梁娟. 出版行业供应链优化策略 [J]. 科技与出版，2008 (5)：56~59.

[55] 许晓东，张显萍. 第三方物流运作 [M]. 北京：经济管理出版社，2006.

[56] 吴梦娜. 现代物流管理的国际比较研究及对我国物流的启示 [J]. 管理现代化，2011 (5).

[57] 杨波. B2C 网上书店图书物流配送模式研究 [D]. 武汉理工大学，2009 (12).

[58] 王海云，付海燕. 北京地区出版社物流现状调查与分析[J]. 北京印刷学院学报，2011，19 (3).

[59] [英] 马丁·克里斯托弗. 物流与供应链管理 [M]. 何明珂，等译. 3 版. 北京：电子工业出版社，2009.

[60] 程肖芬. 我国图书出版业供应链管理研究 [J]. 编辑之友，

2009(8).

[61]《中国出版年鉴》编辑委员会. 中国出版年鉴 [M]. 北京：中国年鉴出版社，2003.

[62] Kumar K., Dissel, H. G. van. Sustainable Collaboration: Managing Conflict and Cooperation in Inter-organizational Systems [J]. MIS Quarterly，1996 (9).

[63] 陈磊. 日本的图书物流中心 [N]. 中国新闻出版报，2010-03-01.

[64] 夏雨. 基于供应链的出版社——发行企业联合库存管理模式探析 [J]. 学习月刊，2011 (6).

[65] 张曼玲. 从东贩模式看我国发行业的出路和发展 [J]. 出版发行研究，2002 (12)：29.

[66] 祝开滨. 新加坡的物流信息技术优势 [J]. 物流管理，2011 (12)：88~89.

[67] 李君. 中国图书分销物流存在的问题与前景展望 [J]. 中国出版，2010(3).

[68] 王明懿. 供应链信息共享：内容、模式与激励 [J]. 物流管理，2011(1).

[69] 解进强. 供应链管理下企业边界问题研究 [J]. 经济体制改革，2005 (5)：62~65.

[70] 赵广华. 赢在供应链——第四方物流 [M]. 北京：经济管理出版社，2006.

[71] 中国物流与采购网. 图书出版业的第四方物流研究 [Z]. http：//www.chinawuliu.com.cn/xsyj/200911/06/141531.shtml，2009-11-06.

[72] 中国互联网络信息中心 (CNNIC). 第 28 次中国互联网络发展状况统计报告 [J]. 2011.7.

［73］中国新闻出版研究院. 第八次全国国民阅读调查报告. 2011.4.

［74］中国图书商报和读吧网. 2010~2011 年中国电子图书发展趋势报告. 2011.4.

［75］柳斌杰. 在六中全会精神指引下推动数字出版跨越式发展. 全国数字出版工作会议上的讲话，2011.11.10.

［76］美国 379 家报纸平均日发行量下降 10.6%，http：//cd.qq.com/a/20100110/000889.htm.

［77］国际数字出版论坛（IDPF），http：//www.idpf.org/doc_library/industrystats.htm .

［78］亚马逊电子书与纸质书销量惊人对比，http：//www.techweb.com.cn，2011-09-29.

［79］新闻出版总署拟建大型物流实体，http：//finance.chinanews.com/it/2012/03-12/3734798.shtml.

后 记

本项研究成果基于北京市哲学社会科学“十一五”规划重点项目《北京地区出版物流企业运作模式研究》(项目编号：09AbJG301)。该研究项目选题得益于北京印刷学院副院长乔东亮教授的提示。课题申报过程中，课题组主要成员走访了北京市新闻出版局发行处和北京出版发行物流中心，并得到了新闻出版局发行处王伟处长、北京北发电子商务股份有限公司北发图书网江方主任、北京国际图书城图书展销配送中心杨国成主任等的大力支持。

项目研究是在大量文献检索与综述、实地走访调研的基础上进行的。最初，调研的地域范围界定为北京地区，这也是课题的研究范围所限。但在研究中，为做大中型出版物流中心的对比分析与总结归纳，我们将调研范围扩展到全国出版物流做得较好的主要省市。只是对出版社及其为其做物流服务的相关物流企业的调查，我们主要基于北京地区，因为北京地区出版社数量占到全国的近1/2，且涉及部委、高校和市属各类出版社，有一定的代表性。

调研人员除了课题组成员外，还包括王海云教授指导的两位研究生马杰和夏雨，袁清陆、王庭亮两位研究生也参与了调研，他们为收集一手资料付出了辛勤劳动。

调研工作得到了出版业业内领导和工作人员的大力支持与协作，尤其是北京出版发行物流中心主任杨国成，山东世纪天鸿书业有限公司董事长任志鸿，浙江省新华书店集团有限公司采购部经理樊利明、物流部经理余建萍，经济管理出版社社长助理房宪鹏，四川新华文轩出版传媒有限公司采购中心副总经理毕红，机械工业出版社销售一部区域经理苗强，上海新华传媒物流中心采购部吴键勇，中国农业出版社图书营销中心业务部区域经理雷云钊，北京航空航天大学出版社发行二部主任张永彬等，在调研与问题的探讨中给予我们很大的帮助，为之后的研究工作打下了坚实的基础。另外，在文献资料的搜集与研究中，北京印刷学院副院长王关义教授、北京印刷学院经济管理学院营销系高海涛副教授也给予了我们很大的帮助。同时，本项目的研究得到了北京印刷学院副院长许文才、科研处处长马二军、张雪仪等领导的高度重视，为本课题的按期完成提供了有力保障。在此，我们由衷地向所有给予我们支持与帮助的领导、专家和同事们表示崇高的敬意和衷心的感谢！

在持续两年的项目研究中，课题组成员团结合作，兢兢业业，科学严谨，为高水平地完成本项目的各项任务付出了辛苦和才智。葛存山老师积极参与了前期调研和立项，傅海燕老师为本项目的统计分析做了大量工作。作为本项目研究的最终成果，本书主要由王海云、黄孝章教授执笔撰写。具体各章作者为：第一章，王海云、费秀红；第二章，王海云、傅海燕、马杰；第三、四、六章，王海云；第五章，王海云、夏雨；第七章，黄孝章。本书在撰写过程中，经济管理出版社总编沈志渔研究员提出了很多宝贵意见，并为本书作序。

由于我们的经验和能力所限，本书中的观点与见解不妥之处在所难免，恳请各位领导、专家学者帮助指正，我们不胜感激。

王海云　黄孝章

2012 年 3 月